本书是湖北省社科基金一般项目"跨国代孕的法律问题研究"（立项号：2017002）的最终研究成果。

跨国代孕的法律问题研究

STUDIES ON THE LEGAL ISSUES OF INTERNATIONAL SURROGACY

余 提 ◎ 著

中国政法大学出版社

2020·北京

声　明　　1. 版权所有，侵权必究。

　　　　　 2. 如有缺页、倒装问题，由出版社负责退换。

图书在版编目（CIP）数据

跨国代孕的法律问题研究/余提著. —北京:中国政法大学出版社,2020.11
ISBN 978-7-5620-9686-3

Ⅰ.①跨… Ⅱ.①余… Ⅲ.①卫生法－研究－中国 Ⅳ.①D922.164

中国版本图书馆 CIP 数据核字(2020)第 205612 号

出 版 者	中国政法大学出版社
地　　址	北京市海淀区西土城路 25 号
邮寄地址	北京 100088 信箱 8034 分箱　邮编 100088
网　　址	http://www.cuplpress.com（网络实名：中国政法大学出版社）
电　　话	010-58908586(编辑部) 58908334(邮购部)
编辑邮箱	zhengfadch@126.com
承　　印	固安华明印业有限公司
开　　本	880mm×1230mm　1/32
印　　张	6.5
字　　数	180 千字
版　　次	2020 年 11 月第 1 版
印　　次	2020 年 11 月第 1 次印刷
定　　价	39.00 元

序

跨国代孕问题是晚近以来伴随人员跨国流动的发展而衍生的一个新问题。代孕涉及民族、宗教、伦理以及法治等诸多方面，目前各国对代孕的合法性问题存在显著差异，由此引发一系列较为复杂的法律冲突。但基于儿童利益最大化原则以及家庭关系完整权要求，对跨国代孕问题尤其是因跨国代孕所引发的亲子关系认定等问题，我们必须予以高度重视。这也正是海牙国际私法会议自 2010 年起就开启"亲子关系/代孕计划"（parentage/surrogate project）的原因所在。我们也注意到，自海牙国际私法会议常设局出台关于"亲子关系/代孕计划进一步工作的必要性和可行性"报告之后，这一工作的进程已呈加速状态。

本书以国际私法为研究视角，对代孕的合法性问题、代孕合同的法律适用问题以及国际代孕中亲子关系的认定问题进行了研究，并在此基础上对我国代孕相关立法和司法的完善提出了建议。全书有以下几方面是值得肯定的：

第一，从国际私法角度探讨代孕的合法性问题。文章在对典型国家和地区代孕合法化立场进行比较分析的基础上，从国际私法上的公共秩序出发，认为应在尊重代孕合法化不同立场的同时，积极运用国际私法方法调整国际代孕中的一系列问题。

第二，对国际代孕合同以及亲子关系认定的法律适用问题做了较为深入的探讨。文章通过对代孕合同的性质进行分析，提出了代孕合同法律适用中可采用当事人的协议选择、经常居所地以及法院地等连结点；结合当前典型国家、国际组织在这一问题上的做法，得出国际代孕中亲子关系认定问题应注重儿童利益最大化原则这一结论。

第三，对我国代孕立法和司法的完善提出了明确建议。文章提出，我国应尽快完善相关立法，并在相关立法未出台之前，根据《法律适用法》以及相关部门规章等已有的法律解决代孕纠纷；积极参加海牙国际私法会议统一规则的制定，并积极寻求区域合作。

本书作者余提博士是位待人诚恳、静心学问的青年教师。她在攻读博士学位期间，我是她的指导教师，本书是在她的博士论文基础上修改完成的，这也是我国第一本关于国际代孕的博士论文。在我的印象中，作者答辩期间，论文评阅及答辩委员会专家以及国家相关部门的领导对本书的研究作了充分肯定。付梓之际，欣然写上数语，向读者诸君推荐并请各位批评指正！

刘仁山

中南财经政法大学副校长、法学院教授

二〇二〇年十一月三日

前　言

近年来，代孕问题备受关注。尤其是不孕不育患者的日益增多以及同性婚姻合法化范围的逐渐扩大，不孕不育患者以及同性配偶对代孕的需求不断增多，许多国家开始关注代孕的法律规制。然而，由于代孕涉及伦理、道德等问题，在不同的伦理道德观下，对代孕的法律规制也各不相同。因此当前各国关于代孕的法律规制差异极大，这些差异体现在：第一，不同国家对代孕合法化的立场不同；第二，对代孕合法化持相同立场的国家关于代孕的具体法律规则不同。为此，许多有意向的父母基于规避本国禁止代孕的法律、降低代孕成本、寻求更完备的代孕服务等原因而跨国进行代孕，跨国代孕由此产生。

跨国代孕不仅涉及有意向的父母与代理孕母等当事人，还涉及代孕儿童出生国和代孕儿童接收国等当事国，因此跨国代孕不仅涉及个人基本权利之间、个人基本权利与社会公共利益之间的协调冲突，还涉及代孕儿童出生国与代孕儿童接收国之间公共利益的协调，这些都使得跨国代孕问题极具复杂性。同时，伴随着跨国代孕行为的日益增多，仅凭各国国内法无法有效对这一复杂行为进行规制，为有效保护跨国代孕行为中各方当事人的利益，有必要制定相关的国际法规则。2010年，海牙国际私法会议开始关注跨国代孕中代孕儿童亲子关系的认定问题，意图制定关于跨国代孕亲子关系认定的统一冲突法规则。虽然这一统一冲突法规则尚未起草成型，但是海牙国际私法会议的工作引起了世界对跨国代孕问题的关注。

在此背景下，本书着眼于跨国代孕中相关国际私法问题，就其中较为主要的三个问题，即跨国代孕的合法性问题、跨国代孕合同的法律规制问题以及跨国代孕亲子关系的认定问题进行研究，分析跨国代孕涉及的这些重点问题的法律规制方法。

在研究内容上，以跨国代孕的合法性、跨国代孕合同的法律规制以及跨国代孕亲子关系的认定这三大问题为重点，结合典型国家、地区和国际组织的立法和司法实践，提出了对跨国代孕中这三大问题应有的法律规制方式，并在此基础上提出对我国代孕法律规制的完善建议；在研究思路上，遵循了提出问题、分析问题以及解决问题的基本思路；在研究方法上，综合使用了比较研究方法、案例分析方法和实证分析方法。

首先，本文概括了跨国代孕涉及的重要法律问题。从跨国代孕的内涵和外延出发，分析了跨国代孕产生的主要原因，并概括了跨国代孕中的重要法律问题。

代孕是女性怀着将刚出生的婴儿给他人抚养的意图而怀孕的行为，跨国代孕则是具有涉外因素的代孕行为。在跨国代孕中往往会涉及三大重要问题：第一，跨国代孕的合法性问题，这是研究跨国代孕法律规制要解决的基础问题；第二，跨国代孕合同的法律规制问题，这是跨国代孕法律规制的重要内容；第三，跨国代孕儿童亲子关系的认定问题，这是跨国代孕行为带来的不可避免的法律后果。

其次，本书探讨了跨国代孕的合法性问题。从典型国家对代孕合法性问题的不同立场出发，分析了这些立场背后的理论原因，进而以辩证的思维从公共政策和人权角度对代孕合法化不同立场背后的理论进行了分析，从国际和谐的角度，得出跨国代孕不同于国内代孕，在对待跨国代孕合法化问题时应求同存异。具体而言即当前无法也无须追求全球范围内代孕合法化立场的统一，应在正视当前各国对代孕合法化持不同立场具有其正当性的基础上，尽量做好对跨国代孕中涉及的其他问题的统一规制。

当前关于跨国代孕合法化的立场有三种，即完全禁止代孕、有限禁止代孕和完全允许代孕。这三种立场背后有两种理论考量：第一，禁止代孕之理论基础，即认为代孕有损代理孕母和代孕儿童的人性尊严，违背本国公共政策；第二，允许代孕之权利基础，即代孕是有意向的父母实现其组建家庭权、行使私生活和家庭生活受尊重权等权利的具体体现，同时亦是代理孕母自决权的体现。

然而，无论是何立场也无论这种立场背后的利益考虑，都是各国基于其国内情况作出的。这种国别的差异使得代孕合法化问题难以在国际范围内达成统一的立场。同时，在跨国代孕中，也无必要对代孕合法化问题进行统一规制，因为国际层面的代孕不应当仅仅考虑国内立法规定，应当考虑国际和谐。尤其是跨国代孕中涉及代孕儿童亲子关系的认定问题，不能仅仅因为国内法对代孕合法化的立场不同而直接对他国法律加以否定，应当从避免跛足亲子关系出发，正确看待公共秩序保留这一概念，即公共秩序保留除了国内公共秩序这一层面，还有国际私法中的公共秩序以及国际公共秩序两个位阶更高的层面。

再次，本书分析了跨国代孕合同及其法律适用规则。以代孕合同的性质和内容分析为基础，尝试着提出了跨国代孕合同

·005·

可以采用的法律适用规则。

跨国代孕合同是兼具财产性和人身性的无名合同。根据其财产性，跨国代孕合同可以适用当事人协议选择的法；根据其人身性，跨国代孕合同可以适用当事人的惯常居所地法。同时，为增强跨国代孕合同法律适用的灵活性，从立法技术上应当加入兜底条款，即最密切联系的法，而跨国代孕还涉及当事人之间利益的平衡，因此适用最密切联系的法应当以弱者利益保护为主要价值考量。另外，跨国代孕还涉及当事人个人利益与国家利益之间的平衡，因此，跨国代孕协议还应考虑适用法院地法。

复次，本书研究了跨国代孕儿童亲子关系的认定规则。在对跨国代孕亲子关系问题产生的原因进行分析的基础上，总结了跨国代孕儿童亲子关系认定的国内方式和国际实践做法。

跨国代孕中亲子关系的认定主要面临儿童接收国拒绝承认有意向的父母与代孕儿童之间亲子关系的问题。但是随着对儿童利益保护的一致肯定，儿童接收国不再一味拒绝承认儿童出生国作出的亲子关系命令和判决，而是适用儿童利益最大化原则或冲突规范来规制跨国代孕中的亲子关系。然而即便有此较普遍意识，在实践中，仍存在公共秩序保留制度和儿童利益最大化原则的拉锯战，缺乏专门的规制跨国代孕亲子关系的统一方法。基于此，在海牙国际私法会议的带动下，各国将焦点开始转向跨国代孕亲子关系调整的国际方式上。当前关于这一问题的国际实践主要有两种，一是制定关于跨国代孕的统一国际私法规则，这一方案由海牙国际私法会议提出，将在有关亲子关系认定的公约中，采用议定书的形式就跨国代孕中的亲子关系进行调整。目前海牙国际私法会议已经召开了六次专家组会议，就公约的范围、目的、承认外国就跨国代孕亲子关系所做出判决的条件等进行了讨论；二是直接保护跨国代孕亲子关系认定中当事人的基本权利，这一做法体现在欧洲人权法院的相关判决和联合国的相关公约中。其中欧洲人权法院对"拉巴斯诉法国案"和"曼尼森诉法国案"作出的判决对德国、西班牙、英国等许多国家的国内法产生的重大影响；联合国儿童权利委员对《儿童权利公约》的分析，为跨国代孕中代孕儿童亲子关系的认定规则限定了基本框架。

最后，本书总结了我国代孕法律规制的完善建议。在前述研究的基础上，从国内层面和国际层面提出了我国代孕法律规制的完善建议。

从国内层面来看，完善我国对代孕的法律规制需要从以下方面进行：第一，颁布关于代孕的专门立法，有限制的允许代孕，并对跨国代孕合同的法律适用以及跨国代孕儿童亲子关系的认定进行规定。第二，结合当前已有的法律，运用法解释学处理实践中的跨国代孕案件。关于代孕的立法进程将极为漫长，在此期间应当结合当前已有的合同法规则、家庭法规则以及人工生殖技术的相关规则，运用法解释学原理处理实践中的代孕案件。

从国际层面来看，完善我国对代孕的法律规制需要从以下两方面进行：第一，积极参与国际统一规则的制定。海牙国际私法会议拟制定关于代孕的国际统一冲突法规则，我国应当积极参与规则的制定。第二，加强区域合作。跨国代孕涉及的儿童出生国和接收国具有一定的对应关系。对我国而言，美国、泰国等国与我国联系密切，我国应当加强与这些国家的合作。

基于前述"跨国代孕的法律问题"之研究，可以进一步形成如下基本认识：其一，在尊重各国国内法规定的基础上，有条件地承认他国做出的代孕亲子关系认定判决或相关命令；其二，跨国代孕合同兼具人身性和财产性，其法律适用应当根据其内容综合考虑当事人选择的法、惯常居所地法、有利于弱者保护的法以及法院地法；其三，跨国代孕中关系的认定应当以儿童利益最大化为基本原则。

总之，跨国代孕带来了一系列不可忽视的问题，一味禁止代孕无法解决根本问题。各国应当在尊重人权的基础上，完善国内法层面代孕的规制并积极促成跨国代孕相关国际统一规则的制定，以便更好地保护跨国代孕中各方当事人的利益。

目 录

序 / 001
前　言 / 003

导　论 / 001

第一章　跨国代孕法律关系概述 / 020
第一节　跨国代孕产生的主要原因 / 020
第二节　代孕国际规制的必要性 / 024
第三节　跨国代孕及相关概念的界定 / 033
第四节　跨国代孕引起的主要法律问题 / 037
本章小结 / 040

第二章　国际私法角度下代孕合法性的分析 / 042
第一节　代孕合法化的实践之争 / 042
第二节　代孕合法化的理论之争 / 069
第三节　涉外情境下代孕合法化的理性分析 / 076
本章小结 / 089

第三章　跨国代孕合同及其法律适用 / 091

第一节　跨国代孕合同的性质 / 092

第二节　跨国代孕合同的内容 / 097

第三节　跨国代孕合同的法律适用 / 105

本章小结 / 109

第四章　跨国代孕亲子关系的认定 / 111

第一节　跨国代孕亲子关系认定的问题 / 111

第二节　跨国代孕中亲子关系认定的国内法方式 / 121

第三节　跨国代孕中亲子关系认定的国际实践 / 123

本章小结 / 142

第五章　我国关于代孕的法律规制及反思 / 144

第一节　我国代孕实践的现状 / 144

第二节　我国代孕法律规制的现状 / 152

第三节　我国代孕的国内法完善 / 168

第四节　我国代孕的国际法律规制 / 173

本章小结 / 176

参考文献 / 177

后　记 / 192

导 论

一、选题的背景

(一) 选题的原因

繁衍后代是生物与生俱来的本能,人类社会正是基于此而得以延续,代孕使得无法通过自然性行为繁衍的人得以延续自己的血脉。例如不育症患者和同性伴侣得以通过代孕达成孕育子女的愿望,行使其组建家庭的基本权利,所以代孕有不可替代的功能;但同时,代孕涉及伦理道德问题,例如代孕对代理孕母人性尊严的贬损、代孕对传统家庭伦理的挑战等,而各国对这些伦理道德问题较为敏感,不同的历史、宗教以及文化传承下的国家对这些问题的看法各不相同;因此各国关于代孕的法律规制差异极大,例如有的国家严格禁止代孕,有的国家仅禁止商业代孕而允许无偿代孕,还有的国家既允许无偿代孕也允许商业代孕。在各国关于代孕法律规制存在冲突的背景下,有意向的父母基于规避本国禁止代孕的法律或寻求更好的代孕服务等原因,开始跨国进行代孕,例如禁止代孕的国家的有意向的父母可能到允许代孕的国家进行代孕,代孕成本高昂国家的有意向的父母可能到代孕成本较低的国家进行代孕等,跨国代孕由此产生。

跨国代孕简言之即具有涉外因素的代孕行为，其较之国内代孕更为复杂。在跨国代孕中，不仅涉及有意向的父母和代理孕母等多方当事人，还涉及代孕儿童出生国和代孕儿童接收国等国家。跨国代孕引起的法律后果不仅包括当事人个人权利与义务的协调，还包括对国家公共秩序甚至国际公共秩序的维护。因此，随着跨国代孕的发展，国际社会开始关注这一问题。

2010年海牙国际私法会议开始的"亲子关系/代孕计划"（Parentage/Surrogacy Project），尝试从国际层面对跨国代孕中亲子关系的认定问题进行规制。在海牙国际私法会议的带动下，欧盟和联合国等组织也开始关注代孕引起的法律问题。在2013年5月，欧盟内部政策总司（EU Directorate-General for Internal Policies）发布了对澳大利亚、比利时、德国、意大利等11个成员国国内代孕的比较研究。联合国儿童权利委员会也分别在2013年和2014年就以色列、德国等出现的代孕法律问题进行讨论。

除此之外，近年来，在司法实践中也出现了许多关于跨国代孕案件的判决，这些判决对许多国家国内法规则产生了重要影响。例如2014年欧洲人权法院处理的 Mennesson v. France [1]、Labassee v. France [2] 以及 Paradiso and Campanelli v. Italy [3] 等。

然而，虽然跨国代孕问题引起了广泛关注，许多国家开始正视本国代孕法律规制的缺失，但从全球范围来看，当前无论是在理论上还是在立法和司法实践上，对跨国代孕问题的研究仍有待进一步深入。从理论上来看，代孕合法性问题仍存在极

---

[1] *Mennesson v. France*, Decision of 26 June 2014, Application No 65192/11.

[2] *Labassee v. France*, Decision of 26 June 2014, Application No 65941/11.

[3] *Paradiso and Campanelli v. Italy*, Decision of 27 January 2015, Application No 25358/12.

大分歧，跨国代孕法律规制缺乏理论基础。从实践上来看，对于跨国代孕尚未形成较完善的法律规制机制：在国内法层面，各国关于代孕的法律规制尚冲突极大，更遑论跨国代孕；在国际层面，最有望对跨国代孕进行规制的海牙国际私法会议的"亲子关系/代孕计划"（Parentage/Surrogacy Project）离相关文书出台尚早，国际上近期内无法形成统一法律规则。

综上，跨国代孕引起了一系列的法律问题，这些问题引起了各方的广泛关注，但是当前对这些问题争议极大，尚无解决之道。在此背景下，本书选择"跨国代孕的法律问题"作为研究主题，以期对跨国代孕中的重要问题进行研究，探寻及总结跨国代孕的法律规制方法。

(二) 选题范围

"跨国代孕的法律问题"是一个极为复杂且宽泛的主题，对于选题的范围进行界定是必要的。

首先，本书所使用的"代孕"这一概念的界定，广义的代孕包括采用人工生殖技术（Assisted Reproductive Technology, ART）进行的代孕和自然代孕，本书中，除特别指出系自然代孕外，其他所称都为采用人工生殖技术而进行的代孕。[1]

其次，本书仅研究跨国代孕法律问题中的几个重点问题，不涵盖跨国代孕法律问题的所有方面。跨国代孕涉及众多复杂

---

[1] 自然代孕是指有意向的父亲与代理孕母通过性交而进行的代孕。自然代孕的历史悠久，早在古巴比伦的《汉谟拉比法典》和基督教的《圣经》中，这一概念即已出现。根据《汉谟拉比法典》，为禁止离婚，当一对已婚夫妇未能生育其继承人，妻子可以允许奴隶代替她与自己的丈夫生育一个儿子。而《创世纪》第三十章则讲述了瑞秋让她的奴隶与自己的丈夫雅各布生育其子女的故事。这些代孕行为即自然代孕。See Claire Fenton Glynn, "Human Rights and Private International Law: Regulating International Surrogacy", *10 Journal of Private International Law 157* (2014).

且烦琐的法律问题,但囿于笔者的专业及能力,本书将不对跨国代孕涉及的所有问题一一进行研究,而仅就跨国代孕的合法性问题、跨国代孕的法律适用问题和跨国代孕儿童亲子关系的认定问题这几个重要的国际私法问题进行分析。[1]

(三) 选题的意义

1. 选题的理论意义

从理论上讲,对跨国代孕的法律问题进行深入研究,有助于厘清跨国代孕合法化以及从国际私法层面研究跨国代孕的理论基础,为跨国代孕实践提供理论指导。具体而言:

其一,本书的研究有助于明确跨国代孕合法化和从国际层面研究跨国代孕的理论基础。从人权法和伦理学的角度分析跨国代孕的合法性,从跨国代孕关系各方当事人所拥有的权利和负有的义务以及这些权益的冲突及解决方面分析跨国代孕国际私法研究的理论基础,为从国际私法层面规制跨国代孕行为提供理论基础。

其二,本书的研究有助于为跨国代孕所涉及的主要问题提供理论解答。本书对跨国代孕中涉及的规制代孕的实体法冲突问题、跨国代孕合同问题、跨国代孕儿童身份问题以及跨国代孕的国际规制问题进行了深入的理论分析,并指明了解决路径。

2. 本书的实践意义

研究跨国代孕的国际私法问题同样也极具实践意义,具体而言:

---

〔1〕 跨国代孕所涉及的法律问题不仅包括民事方面也包括刑事和行政方面。例如,跨国代孕中的遗弃儿童、买卖儿童等行为即涉及刑事法律规制,跨国代孕中相关政府组织的管理行为即涉及行政法律规制。See Permanent Bureau of the Hague Conference of Private International Law, *Annex II of a Study of Legal Parentage and Issues Arising from the International Surrogacy Arrangement*, Prel. Doc. No 3C of March 2014, pp. 1~3.

其一，本书的研究有助于为跨国代孕的当事人提供具体指导。当前各国立法的不一致导致跨国代孕过程中各方当事人无法可依，本书对跨国代孕所涉及的相关国际私法问题进行研究，虽然只是学术层面的探讨，但其中蕴含的理论分析也具有指导作用。

其二，本书的研究有助于对我国立法和司法实践的完善提供具体指导。我国目前对于跨国代孕的立法尚处于空白状态，相关部门对代孕一味采取严厉打击的方式。但这种打击禁而不绝，反而导致代孕由明转暗，各方当事人的权利义务更加不透明。本书对跨国代孕的国际私法问题进行研究，一方面提醒我国应当重视跨国代孕所导致的一系列问题，另一方面建议我国应完善相关国内立法，并为其提供素材。

其三，本书的研究有助于对海牙国际私法会议关于代孕公约的拟定提供素材。海牙国际私法会议在开展"亲子关系/代孕计划"（Parentage/Surrogacy Project）相关工作的过程中，曾以调查问卷形式向世界各国搜集各国国内对待跨国代孕之建议。本书对跨国代孕问题进行研究，搜集整理他国及我国的相关信息并加以分析，具有一定的参考作用。

综上，本书对比分析他国关于代孕的国内法规定，在此基础上对跨国代孕合法化问题、跨国代孕合同法律适用问题以及跨国代孕中代孕儿童亲子关系的认定问题进行理论分析，同时立足当前国际实践和我国国情提出相关建议，理论联系实际，兼具理论意义和实践意义。

二、研究现状

（一）国内研究现状

国内关于代孕的研究主要是从国内实体法层面展开的，较为缺乏从国际层面对代孕进行研究的成果。当然，虽然未直接涉及代孕的国际私法问题，但这些研究为代孕的国际私法问题的研究提供了理论基础和国内实体法研究的资料。

在专著方面，石雷所著的《功能主义视角下外国代孕制度研究》，主要运用功能结构理论，通过分析禁止代孕、允许利他代孕、允许商业代孕等不同代孕制度的产生背景、制度框架内容及其司法实践，论证不同代孕制度样本在各自法域最终的社会效果。最后在对比分析不同代孕制度各自特色的基础上，结合我国计划生育、人口老龄化等国情，分析我国对代孕应采取的立场。刘长秋所著的《代孕规制的法律问题研究》，在对"代孕规制二分法"，即对有条件允许代孕的理论基础进行批判之后，提出了我国应当一概禁止代孕，并对这一观点进行了理论分析和立法检视。张燕玲所著的《人工生殖法律问题研究》，分析了包括代孕在内的人工生殖的法律问题，从宪法、法理、宗教、伦理道德、女性主义等层面评析了代孕的合法性，指出我国应开放代孕立法；对于代孕所生子女的身份认定问题，指出血缘说、分娩说、合同说以及儿童最大利益说都有其各自的缺陷和不足，认为应当突破传统民法关于父母身份的确定规则，国家应当通过特别立法的方式明确规定代孕儿童为不孕夫妻之婚生子女。廖雅慈著的《人工生育及其法律道德问题研究》，以生育及建立家庭的权利为基础分析代孕的合法性，认为一个人对某事物拥有权利即代表权利拥有者对该事物存在强有力的要求，除非享用此权利将严重危害社会的存在、基本的社会结构或道德观念，否则此项权利不能被抹杀。著者认为生育是一种自由选择权，亦是相对要求权的一种，不足以要求法律确保一个人在行使这一权利时不受金钱的诱惑和他人的利用。而建立家庭的权利是一种绝对要求权。在穷苦环境的压迫下，代理孕母可能受不住金钱的诱惑而被迫放弃她生下来的孩子。这样与法不符。在代孕合同缺乏法律保障时，可以参照收养的做法来保障儿童权利。著者还分析了代孕合同所涉及的三项主要条款（放弃与转让婴儿条款、孕育条款、产前护理条款）的内容及代孕所涉及的亲子关系问题。著者提出，对待代孕应当由立法进行管理，从而保障准代理孕母的权利，特别是保障贫穷的妇女不会因金钱的诱惑而当代理孕母或被迫交出孩子，另外也必须保障孩子的利益不在代孕合同中被忽略。

在论文方面，从国内实体法方面对代孕问题进行的研究较为丰富。具体而言，代表性的研究成果有：

从伦理角度研究代孕合法性的。如朱红梅发表的《代孕的伦理争议》一文。该文认为女性对自己的生殖能力进行自由处分不仅未贬低女性的尊严反而促进了女性的独立自主，同时代孕中也不一定存在阶级压迫和剥削，如果以此为由禁止代孕会导致代孕转为地下，使弱势者缺乏法律保护，因此应当允许代孕。并且无偿代孕是一种高尚的道德行为，但不能将之视为义务，因此，应当允许有偿代孕。张腾文发表的《生殖的权利？还是物化女性？——对于代理孕母合法化的伦理思考》一文，从伦理角度分析了代孕的合法化问题，指出代孕制度应以人格尊严为价值核心，坚守无偿代孕的底线。

从权利角度研究代孕合法性的。如杨遂全、钟凯发表的《从特殊群体生育权看代孕部分合法化》一文。该文认为完全禁止代孕有损人道公正和计划生育权，完全放任代孕市场将严重伤害人权和法治，应当随着时代和科技的发展推进生育伦理观，建议我国应当实行合理补偿对等互助型代孕，明确禁止商业代孕，对于代孕儿童亲子关系认定问题应基于"血缘利益"和"合同利益"双重利益考虑。如果合法代孕所生的婴儿仅为代理孕母怀孕生育，与代理孕母没有血缘利益，则应归属于委托代孕的夫妇。张燕玲发表的《生育自由及其保障范围——兼论人工生殖的理论基础》分析了生育权的具体内容，认为生育权是保障公民拥有和自己有血缘联系的后代的一种个人权利，而不是夫妻共享的权利，包含是否生育的决定权、如何生育或不生育的选择权。从生育权的内容出发，禁止代孕并不侵害渴望通过代理孕母完成生育的不孕女性的生育权，因为在如何生育的选择权里，不应当包括主张使用他人子宫的权限。但是对于不孕夫妇，应扩展生育自由的保障范围，赋予不孕夫妇寻求他人生殖辅助的协商权。

对我国代孕规制模式选择进行研究的。如王贵松发表的《中国代孕规制的模式选择》一文研究了分别以美、英、日为代表的三种代孕规制模式，即私法自治型、政府管制型以及完全禁止型，并分析了代孕与人格尊严、公序良俗以及个人生育权之间的利益权衡，指出无偿代孕未侵犯人格尊严，公序良俗也不能为禁止所有类型的代孕提供充分的理由，且代孕是实现个人生育权的方式，因此我国不应完全禁止代孕，应采用政府监管模式，并遵循协调生育权、人格尊严、公序良俗的宪法准则来对相关的规制措施予以调整。

对代孕中亲子关系进行研究的。如李志强发表的《代孕生育亲子关系认定问题探析》一文对代孕儿童亲子关系确定的几种模式，即血缘说、分娩说、子女最佳利益说进行了评析，认为应以意思说（即合同说）作为认定代孕生育子女亲子关系的标准。

对代孕所涉及的合法性问题、代孕合同、亲子关系问题等进行综合性分析的。如曹新民发表的《现代生殖技术的民法学思考》一文从生育权出发,认为现代生殖技术的合理运用是合法的;生育权的实现方式是生育合同,生育合同适用合同法的基本规定;现代生殖技术下所生育之子女的身份依合法生育合同确定。康茜的博士学位论文《代孕关系的法律调整问题研究——以代孕契约为中心》从代孕符合实体法中人性尊严和自我决定权、生育权、隐私权以及代孕并不违背公序良俗出发,论证了代孕的合法性,进而分析了承认代孕的收养模式和合同模式这两种法律调整模式,认为我国应采用合同模式;进而分析了代孕合同的相关问题,指出代孕合同兼具财产性和人身性,应适用意思自治原则。

以上关于代孕的国内研究侧重于对代孕所涉法律问题的某一个方面,比如或是对代孕合法化的研究,或是对代孕中亲子关系认定问题的探讨,偶有著作讨论较为全面,但是也是对国内代孕的实体法研究,没有从国际层面系统、全面地研究代孕相关法律问题的成果。

(二) 国外研究现状

国外从国际法层面研究跨国代孕的成果较国内研究更为丰富:

在专著方面,英国阿伯丁大学的卡塔琳娜·特里明斯和保罗·博蒙特合编的论文集《国际代孕:国际层面的立法规制》(*International Surrogacy Arrangement, Legal Regulation at the International Level*) 包含三个部分:第一部分关注于来自亚洲、非洲、欧洲和美国的 25 个地区的国内报告,这些报告展示了不同国家和地区各自司法管辖权下代孕的法律地位,论证了各国立法的不一致导致的跨国代孕规制的困难；第二部分从国际私法方面和人权方面提出了对代孕的国际规制办法，编者认为应该借鉴收养关系的规制方法，以保证有意向的父母可以在缺乏法律规定的情形下进行代孕；第三部分作者对跨国代孕做了一般性的陈述，草拟了一份关于规制跨国代孕的建议性公约草案。其中，关于跨国代孕合法化的现实需要和理论基础，特里明斯和博蒙特认为辅助生殖和代孕就像潘多拉盒子——现在它们已经为公众所熟知，这个盒子也无法再关上了。为避免代孕的黑市交易和欺诈，两害相较取其轻，以国际立法来规制代孕问题是必要的。而且特里明斯和博蒙特认为传统的管辖权规则和法律适用规则已经不能胜任跨国代孕，这使得有意向的父母适用法律不确定，跨国代孕儿童的权益在各国相关立法规定不一致的情形下无法得到保护。因此，建议协调国际私法以确保代孕中各方当事人责任的分配，并且互相承认这种规则下达成的代孕。关于跨国代孕儿童身份的认定问题，这一问题是代孕争议的核心问题，也是支持维护孕妇与儿童纽带（the maintenance of maternal bonds）的国家和倾向于合同确定（contractual certainty）的国家之间道德冲突的核心问题。论文集中收录的国内报告对这一困境的看法存在极大的差异。例如，中国、爱尔兰和新西兰认为应当根据儿童利益来作出抉择。而在阿根廷、比利时、捷克共和国、俄罗斯以及英国，有意向的父母没有追索权，代孕儿童将由法定的母亲（legal mother），即代理孕母抚养。而在希腊和乌克兰，有意向的父母将获得抚养权，代理孕母对此没有权利。以色列则采取了一种更精细的方法，即根据代理孕母的要求来决定，同时社会工作者将是否存在情势变迁从而导致代理孕母情感改变具有正当性这一点进行判断，从而决定赋予代理孕母抚养权是否会伤害儿童。如果具有正当性，则法院有权力（虽然并没有责任）同意代理孕母的请求。在南非，代理孕母拥有的任何权利都以其是否与代孕儿童有基因关系为基础——如果没有基因关系，代理孕母将没有追索权。特里明斯和博蒙特从国际公约的角度提出了一个中立的方法，即交由国家主管机关决定在该情况下代孕合同是否应当被执行。关于制定代孕的国际公约问题，特里明斯和博蒙特认为，从国际层面对代孕进行规制是有必要的，并且他们草拟了代孕的国际公约建议稿。该公约建议稿以儿童利益最大化原则和基因联系原则为公约的基本原则，建议确定中央管辖机关进行跨国代孕的国际合作。美国得克萨斯大学奥斯汀分校社会学教授莎米拉·鲁德拉帕所著的《贴现生活：印度全球代孕的价格》（$Discounted\ Life:\ The\ Price\ of\ Global\ Surrogacy\ in\ India$）通过在印度代孕机构"Creative Options Trust for Women"进行参与式观察，访谈了70位代理孕母和20对有意向的父母，深度分析了代孕这一新兴劳动在全球化潮流下的兴起和发展。根据调查，著者提出代孕是一项高强度、高剥削、使得女性身体严重被异化的劳动，但是代孕能给代理孕母带来更好的劳动条件并使得代理孕母从劳动中获得更多的价值认同感和成就感，代理孕母甚至将代孕看作是一种自我赋权。尽管如此，著者仍从印度代孕中剖析出代孕这一劳动形式是被镶嵌在性别、种族、阶级等多重结构下的，揭露了自我赋权假象下的剥削性。

在论文方面，关于跨国代孕的研究主要体现在从人权角度分析跨国代孕的合法性及对跨国代孕的规制、跨国代孕儿童身份认定等问题。

从人权角度分析跨国代孕合法性及对跨国代孕的规制：哥

伦比亚大学的芭芭拉·斯塔克教授发表的《国际代孕和国际人权法》(Transnational Surrogacy and International Human Rights Law);剑桥大学约翰·托宾教授发表的《禁止或允许:人权对跨国商业代孕的回应》[To Prohibit or Permit What is the (Human) Rights Response to the Practice of International Commercial Surrogacy];剑桥大学芬顿-格林教授发表的《国际代孕的人权和国际私法规制》(Human Rights and Private International Law Regulating International Surrogacy)。

上述研究成果分析了代理孕母、有意向的父母和代孕儿童的基本权利,以人权为视角研究了跨国代孕的合法性问题。另外,还提出了以代孕儿童的基本权利为跨国代孕法律规制的基本框架。

从跨国代孕儿童身份认定方面分析跨国代孕问题:萨福克大学的查尔斯·P. 金德里根教授和萨福克大学的学生丹尼尔·怀特发表的《国际生殖旅游:跨国商业代孕中的无国籍儿童》(International Fertility Tourism, the Potential for Stateless Children in Cross-border Commercial Surrogacy Arrangements);卡多佐法学院的蒂娜·林博士发表的《国际代孕中的无国籍儿童》(Born Lost, Stateless Children in International Surrogacy Arrangements);霍夫斯特拉法学院的里查德·F. 斯托罗教授发表的《有名无实的儿童理想国:国际代孕和新的私生》(The Phantom Children of the Republic: International Surrogacy and the New Illegitimacy)。

上述研究成果结合典型国家跨国商业代孕的实践,分析了跨国商业代孕下代孕儿童身份的认定问题,指出了跨国代孕的兴起导致跨国代孕儿童无国籍的问题,并指出了从国际层面对这一问题进行规制的困难,进而提出在跨国代孕中代孕儿童身份确定问题上应当以儿童利益最大化为原则。

综合分析跨国代孕中进行国际规制的需要以及如何进行国际规制：埃瑞斯·雷博维茨-多莉发表的《出租子宫：国际商业代孕的未来》(Womb for Rent the Future of International Trade in Surrogacy)；明尼苏达大学法学院的艾丽卡·戴维斯博士发表的《妊娠式代孕的兴起和国际规制的紧迫需要》(the Rise of Gestational Surrogacy and the Pressing Need for International Regulation)；贝瑞大学的西玛·莫哈帕特拉助理教授发表的《无国籍儿童和收养诈骗：对国际商业代孕的生物伦理学分析》(Stateless Babies and Adoption Scams, a Bioethical Analysis of International Commercial Surrogacy)；布鲁斯·黑尔发表的《国际代孕安排的规制：我们规制了这一市场或者解决了真正的问题吗？》(Regulation of International Surrogacy Arrangements, Do We Regulate the Market, or Fix the Realproblems?)；乔治敦大学的莎拉·莫塔扎维博士发表的《全球造婴：制定国际代孕的指导方针》(It Takes a Village to Make a Child, Creating Guidelines for International Surrogacy)

上述研究成果结合美国、印度、日本、英国国内法对代孕的规制，综合分析了跨国代孕的法律规制问题，提出应当从国际层面对跨国代孕进行规制，并指出对跨国代孕的规制不能类比跨国收养，但也应坚持儿童利益最大化原则。同时，国际规制跨国代孕应当注意有意向的父母的权力分配、跨国代孕儿童的身份认定等问题，建议各国建立中央机关进行跨国代孕规制的国际合作。

另外，海牙国际私法会议在进行"亲子关系/代孕计划"（Parentage/Surrogate Project）过程中，由常设局发布了5份解释报告，其中前四份解释报告主要报告了制定代孕国际公约的建议及可行性分析，2015年2月的第五份解释报告从跨国代孕的实践出发，从国际层面分析了欧洲人权法院、联合国儿童权利委员会作出的一系列判决和决定，从国内层面分析了德国、意大利、澳大利亚等国对于跨国代孕国内立法的最新发展。另外，从2016年2月至2019年11月，总共6次专家组会议的专家组报告一步步推进了关于跨国代孕中亲子关系认定的国际私法规则的议定书草案内容，这些都为本书的研究提供了较为全面的背景资料。

（三）国内外研究现状评析

综上所述，相对于国外对跨国代孕问题的研究，国内的研究尚处于国内民法层面，缺乏国际性视野下的深入研究。同时，国外的研究也集中于对特定问题的研究，尚未形成体系，也未从法律适用角度对跨国代孕进行分析。具体而言，国内外相关研究的不足之处主要反映在如下三个方面：

其一，国内研究的空白。我国国内立法对代孕问题未进行规制，且我国相关政府部门对代孕的严厉打击态度，使得我国对跨国代孕问题未进行深入分析。当前，国内针对代孕问题的研究仅局限于国内实体法层面的分析，缺乏对跨国代孕的研究。

其二，研究缺乏全面性和系统性。国内相关研究不仅缺乏国际视野，而且其现有研究也并不全面、系统。国外虽然已有对跨国代孕问题的研究，但相关研究成果集中于对跨国代孕中的人权分析、对跨国代孕中儿童权益的保护以及对跨国代孕进行国际规制等，也未形成全面的、体系化的研究。

其三，对具体问题的结论纷繁复杂，极不统一。无论是国内对于代孕的研究还是国外对于跨国代孕的研究，对于具体问题的结论,如商业代孕的合法化问题、儿童利益最大化问题等,相关研究均未形成统一观点。

因此,从另一个角度而言,国内外研究的不足使得本书的研究能够在综合分析现有研究成果的基础上,进一步充实和完善跨国代孕中国际私法问题的研究。

三、研究的重点、思路与方法

(一) 研究重点

本书尝试对跨国代孕的主要法律问题进行研究,具体而言主要包括四方面:

第一,跨国代孕的合法性问题。跨国代孕的合法性问题是研究的基础,解决的是跨国代孕是否应当合法化的问题。因为代孕涉及敏感的道德和伦理问题,因此,对于代孕的合法性,理论界和实务界都争议极大。本书将总结典型国家代孕合法性的实践,分析不同实践背后的理论之争,进而从辩证的角度看待这些差异化的实践和理论;并从国际和谐的层面指出,各国国内法对待代孕合法化立场的不同有其国别差异的合理性和立法主权的合法性,对于跨国代孕不应拘泥于国内法的差异,无须也无法在国内法层面达成统一,求同存异即可。

第二,跨国代孕合同的法律适用问题。这是跨国代孕的事前法律规制,即对跨国代孕合同这一先于妊娠行为的法律规制。从国际私法角度看待跨国代孕,跨国代孕合同的法律适用是本书研究的重点部分,本书将对代孕合同的性质进行分析,在此基础上,结合国际私法的基础理论,尝试着提出跨国代孕合同法律适用的冲突法规则。

第三,跨国代孕中亲子关系的认定问题。因为代孕行为的必然结果是代孕儿童的身份认定,因此跨国代孕中亲子关系的认定问题是跨国代孕的事后法律规制问题。当前,关于代孕合法化的实然状态是各国立场不一,这种不一致的立场使得跨国代孕下代孕儿童与有意向的父母之间亲子关系的确定问题变得复杂和不确定。本书将总结对代孕合法性持不同立场的国家关于跨国代孕亲子关系的法律规制现状,进而归纳当前关于跨国代孕亲子关系的确定方式,并分析不同确定方式的优劣。

第四,我国关于代孕法律规制的完善问题。我国关于代孕的法律规制之完善是研究的最终落脚点。我国当前关于代孕的法律规制几乎为空白,相关行政机关对代孕行为的严厉打击事实上无法杜绝代孕现象,反而会使得代孕转入地下市场,使得我国代孕现状更为混乱。在此背景下极有必要对我国代孕的法律规制进行完善。本书将阐述我国代孕实践的现状和我国关于代孕法律规制的现状,并结合前述已进行的跨国代孕合法性、跨国代孕事前规制和事后规制的分析结论,提出我国代孕法律规制的完善建议。

(二) 研究思路

本书的研究本着以"提出问题—分析问题—解决问题"为研究的基本思路,采用"总—分—总"的论证模式。

首先,对跨国代孕的法律问题研究,从当前国际社会跨国代孕的兴起与无立法规制下当事人权利无法得到保障之冲突出发,在分析如何正确对待跨国代孕合法化问题后,提出并分析了跨国代孕中另两个核心问题,即跨国代孕合同的法律适用问题和跨国代孕中亲子关系的认定问题,并在这些研究的基础上,分析了我国对待代孕应持的态度及应有的做法。

其次,在对研究论证的展开方面,本书结合典型国家的国内立法和海牙国际私法会议、欧盟以及联合国等重要的国际组织或区域组织的实践，对代孕规制之实体法的冲突、跨国代孕合同的法律适用、跨国代孕儿童的身份认定这三个问题展开了具体研究。

最后，在对我国跨国代孕规制的完善方面，在总结他国国内实践和国际或区域组织实践的基础上，从国内法完善层面和国际合作层面提出了我国跨国代孕规制的完善建议。

（三）研究方法

（1）比较研究方法。对于跨国代孕的法律问题研究，需要比较各国在代孕的实体法、跨国代孕的法律适用法以及跨国代孕儿童身份认定具体方面的理论和实践。故本书采用比较研究方法，对比分析各国的相关做法及背后的利益考量，为实现跨国代孕的国际协调奠定基础。

（2）案例分析方法。案例分析方法作为法学研究中的一种基本方法，其能够直观地为相关研究提供素材，并进而为相关立法和司法实践提供解决之道。该研究方法在本书中显得尤为重要，因为跨国代孕的法律问题的选题即是从跨国代孕案件频繁发生而立法无系统、明确规定而来，且跨国代孕法律问题的理论研究在很大程度上是建立在其丰富多样的司法实践基础之上的。全面收集相关案件并以类型化的思维予以考虑有着重要的意义。

（3）实证分析方法。海牙国际私法会议、欧盟、联合国儿童权利委员会以及学者们关于代孕问题的结论都是基于许多国家和地区对本国和本地区代孕的相关数据的统计和观点的总结所作出。在对这些数据和观点进行总结的基础上，研究跨国代孕的国际私法问题更具实践意义。

四、研究的创新性

关于跨国代孕的法律问题研究，国内研究目前处于空白状态，国外研究只是对跨国代孕的权利基础和跨国代孕当事人的权利等具体方面进行的部分研究。本书在现有国内外研究之基础上，试图对该问题进行深入研究。本书可能存在的创新点如下：

(1) 在选题上，跨国代孕问题本身是一个较为新颖的话题，针对选题作出的探讨在一定程度上填补了国内研究的相关空白。此外，从国际私法的角度研究跨国代孕，使得选题视角较为新颖。

(2) 在研究内容上，选题以跨国代孕合法化问题分析为基础，进而总结和评析了跨国代孕合同的法律规制问题和跨国代孕儿童亲子关系的认定问题，对跨国代孕的法律问题进行较为系统的研究。

(3) 在研究结论上，选题对于跨国代孕合法化从现实需要和理论基础两方面进行详细分析，指出基于国际和谐的需要，应针对国内法中代孕立场差异大这一问题求同存异，并且在此基础上应当对跨国代孕进行系统的法律规制。而当前无论是国内立法还是区域性或国际性立法都极其缺乏关于跨国代孕的法律规制，因此，需要对跨国代孕的法律规制进行完善。这种法律规制可以从国内层面和国际层面进行完善，从实体法层面和冲突法层面同时进行完善。最后，对于我国关于代孕的法律规制亦是如此，从国内层面，在当前无专门的代孕立法时，应当基于儿童利益最大化原则、当事人利益和国家利益平衡原则等，对已有的民商法规则、人工生殖技术相关规则，从法解释学的角度合理地加以适用，同时积极完善代孕的相关立法。从国际层面，积极参与海牙国际私法会议关于代孕的立法工作，结合我国代孕的社会实践，积极争取对我国当事人权益的保护。同时，加强与相关国家在代孕方面的合作，通过双边条约或区域性的国际公约来实现与特定国家间的跨国代孕的规制。

第一章
跨国代孕法律关系概述

跨国代孕现象的迅速发展始于近几十年，国际私法学届关注跨国代孕问题则是受海牙国际私法会议的"亲子关系/代孕计划"（Parentage/Surrogate Project）的影响，所以，"跨国代孕"在国际私法学界可谓一个较新颖的概念。同时，跨国代孕有不同的类型，涉及众多当事人和不同的国家，"跨国代孕"也是一个较复杂的概念。基于这一概念的新颖性和复杂性，有必要对跨国代孕法律关系所涉及的基本内容进行简要介绍。

第一节 跨国代孕产生的主要原因

代孕作为人工生殖技术的一种，其得以发展源于人类对于孕育生命的渴望。而具体化到跨国代孕产生的原因则不能简言之其产生是由于有意向的父母欲通过人工生殖技术孕育子女。跨国代孕具有涉外性，相较于国内代孕，应当探寻其涉外的原因。而综合跨国代孕产生的众多原因，笔者认为其主要原因有三：一是代孕法律规制的差异；二是代孕成本的高低；三是代孕服务的优劣。

一、代孕法律规制的差异

代孕法律规制的差异体现在两方面：一方面，从宏观上来看，当前各国关于代孕合法化立场不同；另一方面，从微观上来看，当前各国关于代孕的具体法律规制不同。

（一）代孕合法化立场不同

代孕合法化立场不同是指当前各国法律对于代孕禁止或允许的立场不一。[1]当前对于代孕有三种立场：一是完全禁止代孕，即禁止任何形式的代孕，持这一立场的国家有法国、德国、日本、意大利等国。二是有限禁止代孕，即允许部分类型的代孕。具体而言，对于代孕之商业代孕和无偿代孕这一分类，有限禁止代孕的国家往往禁止商业代孕而允许无偿代孕，例如，英国、澳大利亚以及以色列等；对于代孕之基因型代孕和妊娠型代孕这一分类，有限禁止代孕的国家往往禁止基因型代孕，例如澳大利亚等。三是完全允许代孕，即允许所有类型的代孕，美国的加利福尼亚州即持此种立场。

各国对于代孕合法化的不同立场会使得有意向的父母前往允许代孕或者允许其欲进行的代孕种类的国家进行代孕，换言之，当禁止代孕的国家的有意向的父母无法在本国合法进行代孕时，当禁止商业代孕的国家的有意向的父母无法在本国进行合法的商业代孕时，当禁止基因型代孕的国家的有意向的父母无法在本国进行合法的基因型代孕时，这些有意向的父母将跨国寻求代孕服务，极有可能产生跨国代孕行为。

---

[1] 关于代孕的禁止与允许之立场，许多无代孕法律规制的国家也有体现，但本书研究代孕的法律规制，因此仅对有法律规制的国家进行比较分析，而且这种法律规制既包括立法规制也包括司法规制。

(二) 具体法律规制不同

代孕具体的法律规制涉及代孕的各方面，例如，代孕法律关系主体的资格、代孕合同的生效要件、代孕当事人的权利义务、代孕儿童亲子关系的认定、行政机构的审查监督等。

各国对这些具体方面法律规制的不同也会导致跨国代孕的产生。例如，对于允许无偿代孕的英国和以色列，英国规定不要求有意向的父母无法自然怀孕，[1]而以色列则规定只有当有意向的父母无法自然怀孕时才能进行代孕。[2]因此，当居住在以色列的有意向的父母有自然怀孕能力时，若其欲进行代孕，则必须前往不限制有意向的父母生育能力的国家（如英国），进行代孕。

二、代孕成本的高低

无论是商业代孕还是无偿代孕，有意向的父母进行代孕都需要付出一定的经济成本。而在不同国家进行代孕，代孕成本的高低存在极大差异。

以典型国家商业代孕的成本为例。商业代孕下，有意向的父母进行代孕的费用主要包括医疗费用、法律咨询费用、代理费、给代理孕母的报酬以及其他相关费用。对于医疗费用，从加拿大的 2818 美元到美国的 271 099 美元不等。对于代理费，美国最高可达 54 220 美元，而加拿大最高只需 7500 美元。对于支付给代理孕母的报酬，美国最高可达 69 000 美元，而印度最高只需 11 700 美元。从整体比较而言，在美国进行代孕的总费用介于 70 918 美元到 454 091 美元之间，平均约 122 000 美元；而在印度和泰国进行代孕的总费用则介于 63 000 美元到 72 300

---

[1] 参见 2010 年陈志雄等发表的《世界各国代孕生殖政策探讨》。
[2] 参见 2010 年陈志雄等发表的《世界各国代孕生殖政策探讨》。

美元之间，平均约 71 841 美元。[1]可见，在不同国家进行代孕的成本存在极大的差异。

此外，各国之间关于费用的透明度也极为不同。在美国，有意向的父母支付款项的用途有非常详细的明细，而在印度则认为不公开费用的支出详情更好，因而有意向的父母通常不知道他们支付的款项被如何使用。[2]

这些在代孕费用方面的差异，尤其是代孕成本高低的差异也是跨国代孕产生的一个重要原因。

三、代孕服务的优劣

当事人跨国进行代孕的另一个重要原因在于追求更完善的代孕服务。一方面，各国人工生殖技术发展程度不同，有的国家人工生殖技术发达，即使费用昂贵，有意向的父母也更倾向于在这些国家进行代孕，例如在美国进行代孕。另一方面，代孕过程中的人工服务完善程度不同，在允许代孕的国家，通常有一套完备的代孕流程，在此过程中会为有意向的父母提供更为完善的人工服务。因此，许多有意向的父母也会基于这一考虑而跨国进行代孕，例如在印度进行代孕。[3]

---

[1] Permanent Bureau of the Hague Conference of Private International Law, *A Study of Legal Parentage and Issues Arising from the International Surrogacy Arrangement*, Prel. Doc. No 3C of March 2014, pp. 63~65.

[2] Permanent Bureau of the Hague Conference of Private International Law, *A Study of Legal Parentage and Issues Arising from the International Surrogacy Arrangement*, Prel. Doc. No 3C of March 2014, p. 65.

[3] 自 2015 年之后，印度对代孕的限制日益严格，及至 2018 年已经完全禁止跨国代孕，但是印度曾经的代孕盛况仍使得其成为跨国代孕研究对象。参见"印度代孕合法吗？印度法律是如何规定的？"，载 https://www.91xilaibao.com/article-174-1.html，最后访问日期：2020 年 7 月 13 日。后文将多次以印度为范本进行说明，对此现状将不再一一解释。

事实上，跨国代孕产生的原因众多，并不能一概而论。例如，在我国，许多有意向的父母赴美代孕只是为了取得美国国籍。[1] 但是上述三个原因是大多数有意向的父母进行跨国代孕主要关注的方面，是跨国代孕产生的主要原因。[2]

第二节 代孕国际规制的必要性

同性婚姻和独身主义者比重日益增多的现代家庭模式的产生使得代孕迅速发展，加之上述跨国代孕产生的主要原因的存在以及全球化的影响，近年来，跨国代孕数量日益增多，且涉及的国家也越来越多。然而，与这一现状相对应的则是各国对于代孕以及跨国代孕法律规制的缺失，现有的规则无法解决跨国代孕带来的问题，因此跨国代孕需要法律层面的规制。

一、跨国代孕数量日益增加

跨国代孕法律规制的现实需要直接体现在跨国代孕数量的日益增加和跨国代孕范围的日益广泛之中。海牙国际私法会议就各国政府、代孕机构、代孕当事人及法律实务工作者的问卷调查的回复证明了这一现实需要。[3]

---

[1] "中国人赴美找代孕费用约30万美元 被称便宜移民策略"，载 http://www.mitbbs.com/news_wenzhang/Headline/31678551.html，最后访问日期：2020年7月13日。

[2] See Permanent Bureau of the Hague Conference of Private International Law, *A Study of Legal Parentage and Issues Arising from the International Surrogacy Arrangement*, Prel. Doc. No 3C of March 2014.

[3] See Permanent Bureau of the Hague Conference of Private International Law, *A Study of Legal Parentage and Issues Arising from the International Surrogacy Arrangement*, Prel. Doc. No 3C of March 2014.

第一章　跨国代孕法律关系概述

（一）接收国跨国代孕的数量

根据海牙国际私法会议的统计，一些国家虽然没有提供明确的数据，但根据其主管政府部门处理跨国代孕案件的经历，跨国代孕的数量在过去的5年里显著增加。[1]此外，少数接收国提供了在其本国进行的跨国代孕的明确数据，这些数据显示出了近几年来跨国代孕数量的增长。其中，尤其是来自以色列的数据极为惊人。根据以色列的统计：从2009年到2012年的3年间，以色列跨国代孕的数量从12例涨到128例，呈967%倍的增长。[2]在澳大利亚，据移民和公民部（The Department of Immigration and Citizenship）统计：2009年到2012年，大约有430例从外国进入澳大利亚进行的代孕。瑞典统计了2007年到2012年的数量，大约有100例。[3]

而且，需要注意的是，这些数据比现实中的代孕数量要明显少一些。正如爱尔兰、新西兰和瑞士所解释的：在某些情况下，有意向的父母可能不向相关机关说明代孕，而将一个在外国进行的代孕作为普通的海外出生而进行注册登记。[4]另外，

[1] 例如，以色列、新西兰、瑞士、加拿大、爱尔兰、挪威和西班牙等多国都表示其跨国代孕的数量明显增多。See Permanent Bureau of the Hague Conference of Private International Law, *A Study of Legal Parentage and Issues Arising from the International Surrogacy Arrangement*, Prel. Doc. No 3C of March 2014, p. 59.

[2] 在2013年，截至回应海牙国际私法会议调查问卷的时候，已经处理的跨国代孕达114件。See Permanent Bureau of the Hague Conference of Private International Law, *A Study of Legal Parentage and Issues Arising from the International Surrogacy Arrangement*, Prel. Doc. No 3C of March 2014, p. 59.

[3] Permanent Bureau of the Hague Conference of Private International Law, *A Study of Legal Parentage and Issues Arising from the International Surrogacy Arrangement*, Prel. Doc. No 3C of March 2014, p. 59.

[4] 当然，这仅对于异性恋伴侣可行。而且，随着各国法定程序的完善，这种做法将日益减少。例如，在德国，这一操作在过去可行，但是现在海外出生的儿童的国籍取得申请形式发生了改变，明确询问是否涉及代孕，因此，隐瞒代孕的做法

如果有意向的父母在出生国为代孕儿童办理了护照,在回国后又不要求其代孕儿童身份的合法化,那么接收国可能永远不会知道这一代孕儿童的存在。[1]从澳大利亚的非官方数据也可以看出,官方数据可能仅能反映跨国代孕的部分情形。2009年至2012年间,澳大利亚当局统计的跨国代孕数据是430例。而非官方的数据则表明,在2012年这短短一年内,澳大利亚有意向的父母仅在印度和泰国进行的代孕中就有1000名儿童出生。这种情况也与英国曾开展的跨国代孕问题的圆桌会议得出的数据相符合。据报道:"在英国,跨国代孕的潜在规模变化非常明显,正如大会被告知的一样,每年有超过1000名的代孕儿童可能进入英国,这也证实了媒体的报道。"[2]

另外,一些律师和医生对调查问卷的回复也表明,在一定程度上,大多数国家的官方数字都会低于目前正在进行的跨国代孕的实际数量。例如,一位澳大利亚律师称其在2008年为2例跨国代孕案件提供法律援助,而在2012年,其处理了100件跨国代孕案件,而且,在其回复调查问卷的2013年,这种高比

(接上页)现在行不通。See Permanent Bureau of the Hague Conference of Private International Law, *A Study of Legal Parentage and Issues Arising from the International Surrogacy Arrangement*, Prel. Doc. No 3C of March 2014, p.59.

[1] 代孕儿童可以凭借出生国的护照"回家"。根据瑞士的解释:如果一对年轻夫妇偕同在外国出生的儿童进入瑞士,也没有调查儿童在国外出生的情况,存在明确的理由可怀疑代孕的存在,例如,女子已超过生育年龄或涉及同性伴侣。See Permanent Bureau of the Hague Conference of Private International Law, *A Study of Legal Parentage and Issues Arising from the International Surrogacy Arrangement*, Prel. Doc. No 3C of March 2014, p.59.

[2] See Professor Eric Blyth, Dr Marilyn Crawshaw and Professor Olga van den Akker: "*What are the Best Interests of the Child in International Surrogacy?*", available at https://www.bionews.org.uk/page_ 94488, last visited on July 13, 2020.

例增长的趋势依然保持。同样，英国在这一领域的4位律师称：在2009年，他们处理了3例跨国代孕案件，而到2012年，数量增加到了90例，到2013年回复这一调查问卷时，数量已经达到104例。另外，一位德国医生的数据也表明了跨国代孕数量的显著增加：在2008年，其仅进行了1例代孕生殖手术，到2012年，其进行了20例代孕生殖手术，及至2013年回复调查问卷的时候，其已经进行了25例跨国代孕生殖手术。[1]还有一位法国医生的数据也证明了这一趋势：在2008年，其仅进行了10例代孕生殖手术，到2012年，其进行了50例代孕生殖手术。事实上，根据19名相关从业人员的回复，从2008年至2013年，他们处理的跨国代孕数量的增长幅度高达1162%。

（二）出生国跨国代孕的数量

虽然大多数出生国未回复海牙国际私法会议的调查问卷或者关于跨国代孕相关数据的回复较为概括，但根据一些涉及代孕的实务工作者（如从事代孕的医务人员、律师等）的回复仍可窥见出生国跨国代孕的数量。

例如，目前没有出生国关于跨国代孕的数量的可靠数据。然而，对于典型的出生国，如印度，根据一个在生殖诊所的医生的回复，该生殖诊所在2010年中期开业，从开业至2013年，在该诊所进行的跨国代孕下生出的代孕儿童已达735人。这一数据与印度代孕机构的回复一致。根据印度代孕机构的回复，在2009年至2013年间，在其处理的跨国代孕下出生的代孕儿童达1000名。这些数据也与印度一些媒体报道的跨国代孕的数据

---

[1] See Permanent Bureau of the Hague Conference of Private International Law, *A Study of Legal Parentage and Issues Arising from the International Surrogacy Arrangement*, Prel. Doc. No 3C of March 2014, p. 60.

一致。[1]此外,对于印度可提供生殖手术的诊所数量,印度医学研究理事会(The Indian Council of Medical Research)表明:"我们估计,在2002年,大约有200家,现在有超过1100家试管授精诊所,而且这一数量还在增加。"[2]虽然这些机构不一定提供代孕服务,但即使只有少部分诊所进行跨国代孕,仅2013年,印度跨国代孕下出生的代孕儿童数量就达几千人,而且这一数量仅仅是对印度的统计,并不包括其他的几个主要出生国,例如美国、乌克兰、泰国。

综上可知,如果将接收国和出生国的可用信息放在一起,可以得出的结论是:其一,在过去的2008年至2013年这5年里,全球范围内发生的跨国代孕的数量正在显著增加;其二,每年可能有数千名代孕儿童被转移给来自世界各地的有意向的父母,而且,这一数据很有可能是被明显低估的。而这些明确的、逐渐增长的数据表明,跨国代孕日益成为一个不可忽视的行为,并且这些行为将产生一系列权利与义务的后果,因此跨国代孕需要从法律层面来进行规制。

二、跨国代孕涉及的国家范围日益广泛

跨国代孕不仅在数量上呈现迅速增加的趋势,在涉及的地域范围上来讲其也越来越广。

(一)出生国的地域范围

对于出生国而言,美国和印度是被接收国、律师和采取跨

---

[1] "Womb to Rent: Commercial Surrogacy in Big Business in India", available at http://tribune.com.pk/story/512264/wombs-for-rent-commercial-surrogacy-big-business-inindia, last visited on February 13, 2016.

[2] Permanent Bureau of Hague Conference of Private International Law, *A Study of Legal Parentage and Issues Arising from the International Surrogacy Arrangemen*, Prel. Doc. No 3C of March 2014, pp. 60~61.

国代孕的个人提到得最频繁的出生国,其次是泰国、乌克兰和俄罗斯、格鲁吉亚和加拿大。除这些常见的出生国外,还有一些不经常被提及的,例如亚美尼亚、澳大利亚、比利时、巴西、柬埔寨、中国、塞浦路斯、捷克、希腊、以色列、意大利、印度尼西亚、哈萨克斯坦、肯尼亚、菲律宾、波兰、南非、马来西亚、墨西哥和尼泊尔。[1]正如一位律师回忆说,在这些国家中,已经出现了有意向的父母与居住在该国的家庭成员进行了无偿的代孕。也就是说,跨国代孕是作为家庭成员居住在国外这一事实的结果而不是更常见的有意向的父母特意在外国寻求营利性的代孕服务的结果。但不论如何,都表明这些国家已经存在跨国代孕的情形。[2]

(二)接收国的地域范围

对于接收国而言,其范围更为广泛,因为每个国家都可能有有意向的父母。根据海牙国际私法会议总结的律师和代孕机构对调查问卷的回复,进行跨国代孕的有意向的父母来自世界各地。例如,在常见出生国工作的律师和代孕机构表明,他们已经提供过协助的有意向的父母涉及阿根廷、澳大利亚、奥地利、巴哈马、巴林、孟加拉国、比利时、巴西、文莱、加拿大、智利、中国、哥伦比亚、哥斯达黎加、克罗地亚、古巴、捷克、丹麦、厄瓜多尔、埃及、芬兰、法国、德国、希腊、匈牙利、冰岛、印度、印度尼西亚、伊朗、爱尔兰、以色列、意大利、

---

[1] 有媒体报道称在尼泊尔曾发生过跨国商业代孕。See Permanent Bureau of Hague Conference of Private International Law, *A Study of Legal Parentage and Issues Arising from the International Surrogacy Arrangemen*, Prel. Doc. No 3C of March 2014, p. 62.

[2] See Permanent Bureau of the Hague Conference of Private International Law, *A Study of Legal Parentage and Issues Arising from the International Surrogacy Arrangement*, Prel. Doc. No 3C of March 2014, pp. 60~62.

日本、肯尼亚、黎巴嫩、卢森堡、马耳他、毛里求斯、墨西哥、摩纳哥、蒙古、尼泊尔、荷兰、新西兰、尼日利亚、挪威、巴基斯坦、秘鲁、菲律宾、波兰、葡萄牙、韩国、俄罗斯、塞内加尔、新加坡、南非、西班牙、斯里兰卡、瑞典、瑞士、泰国、土耳其、乌克兰、阿联酋、英国、乌拉圭、美国及委内瑞拉。[1]

值得注意的是，接收国和出生国之间还隐隐有着一定的对应关系，不同的出生国可能对应不同的接收国。例如，泰国可能被居住在澳大利亚和新西兰的有意向的父母选择作为出生国；而乌克兰和俄罗斯可能更受欧洲居住的有意向的父母的欢迎。另据报告，代孕的地理位置分布与各国国内法律状况存在紧密联系。例如，印度签证规则的更改可能阻止外国同性的和未婚的伴侣在印度进行代孕，[2]这将导致更多的同性伴侣转而去泰国或美国进行跨国代孕。这一现象说明，跨国代孕的产生与一国国内对代孕的规制密切相关，这种规制不仅仅包括对代孕的禁止或允许之态度，还包括亲子关系的取得、国籍的取得以及签证的办理等。

---

[1] See Permanent Bureau of Hague Conference of Private International Law, *A Study of Legal Parentage and Issues Arising from the International Surrogacy Arrangemen*, Prel. Doc. No 3C of March 2014, p. 62.

[2] 2012年《印度代孕签证规章》（Surrogacy VISA Regulation）规定：以代孕为目的的签证只能颁发医疗签证，而不能颁发旅游签证。并且为以代孕为目的的签证申请设置了条件：①外国男性和女性必须是已婚而且婚姻至少持续2年。②需提交来自外国驻印度大使馆或该国外交部的信件，表明该国承认代孕，且代孕儿童将被认定为有意向的父母的基因上的子女而被允许进入该国；③有意向的父母必须承诺他们将照顾代孕儿童。④必须由ICMR授权的人工生殖诊所进行代孕。⑤有意向的父母必须与代理孕母签订经公证的协议。See Usha Rengachary Smerdon, "India", in Katarina Trimming and Paul Beaumont (eds.), *International Surrogacy Arrangements-Legal Regulation at the International Legal*, Hart Publishing, 2013, 1st. ed., p. 189.

总之，无论是出生国还是接收国，已经出现过跨国代孕现象的国家地域分布极为广泛。随着跨国代孕而来的代孕儿童的亲子关系认定问题将成为这些国家面临的普遍问题，因此，对跨国代孕的法律规制具有现实意义。

三、现有规则无法适用于跨国代孕

与跨国代孕迅速发展之趋势不相符的是当前关于跨国代孕法律规制的缺失。这种缺失表现在两方面：第一，在国内法层面，许多国家没有从法律层面明确规制代孕；有法律规制的国家，大多数的规则并不完善。第二，在国际层面，没有统一的冲突法规则或统一的实体法规则专门规制跨国代孕。在此情形下，有学者提出将跨国收养的规制规则类推适用于跨国代孕。然而，跨国收养与跨国代孕虽然有明显的相似性，[1]但是两者也具有本质的区别：

第一，在收养情形下，重点在于为需要的儿童寻找家庭；而在代孕情形下，是为需要的成年人创造子女。[2]也就是说，在收养中，收养行为发生在被收养的儿童出生之后；而在代孕中，代孕行为发生于代孕儿童出生之前。

第二，正如1993年，汉斯·范鲁所描述的，跨国收养"体现了一个缩小的世界，在这里，人类的生活、行为和利益的联

---

[1] 例如，两者都是对法定亲子关系的否定，是儿童从法定父母转向养父母/有意向的父母的方式。See Fenton-Glynn, "Human Rights and Private International Law Regulating International Surrogacy", 10 J. Priv. Int. L. 157~169 (2014).

[2] Hannah Baker, "A Possible Future Instrument on International Surrogacy Arrangements: Are There 'Lessons' to be Learnt from the 1993 Hague Intercountry Adoption Convention?", in Katarina Trimming and Paul Beaumont (eds.), *International Surrogacy Arrangements-Legal Regulation at the International Legal*, Oxford: Hart Publishing, 2013, 1st. ed., p. 417.

系在日益缩小的距离下变得越来越深。同时,由于在很大程度上,跨国收养是儿童从欠发达国家到发达国家的移动,这是两者在人口统计、经济、社会以及政治上不同的表现,也是生活条件严重不对等的表征"。[1]然而,在跨国代孕中,儿童并不总是从欠发达国家向发达国家移动,跨国代孕也不必然体现两国之间经济实力的差距。基于跨国代孕和跨国收养之间的这些不同之处,不能简单地对跨国代孕类推适用跨国收养的规则。

第三,对于跨国收养,虽然在这一行为发生之初也如同跨国代孕一般受到了广泛的谴责,甚至及至今日,仍有观点坚持这一立场。但是,从国际层面来讲,基本上形成了跨国收养的国际共识。[2]而且,跨国收养中的这种法律上的共识也是基于对跨国收养的文化共识,即除伊斯兰法律体系外,其他国家通常认为为了特殊条件下的儿童关怀,收养是一个可接受的选择。然而,在跨国代孕中,尚未形成这种法律或文化共识。因此,在跨国代孕中,不能一味套用跨国收养的规则。

总之,综合本节所述,跨国代孕的数量日益增长、涉及的国家地域范围日益扩大,而当前无论是国内层面还是国际层面都无完善的法律规制手段对这一规模宏大且仍在迅速发展的行为进行调整。因此,有必要对这一问题进行探索。

---

[1] JHA Van Loon, *International Co-operation and Protection of Children with regard to Intercountry Adoption*, 244 Recueil des cours 195, p. 1.

[2] 这一共识体现在1993年海牙国际私法会议的《跨国收养公约》、1989年联合国的《儿童权利公约》以及1986年的《世界人权宣言》序言中,是跨国收养法律规制的基础。这一共识为:"为保证儿童能得到全面和谐的发展,其应当在一个家庭环境下成长……跨国收养能为儿童提供一个永久的家,这也许是儿童出生国无法提供的。"参见1993年《跨国收养公约》序言第2段和第4段。

第三节　跨国代孕及相关概念的界定

概念往往包含对一个事物的定义和价值的认定，因而通常被用作研究某个事物逻辑思维的起点。代孕，是女性怀着将刚出生的婴儿给他人抚养的意图而怀孕的行为。[1]跨国代孕则是具有涉外因素的代孕。代孕本身涉及多方当事人，被分为不同的种类，另外，代孕还涉及一些医疗技术的运用。因此，在对各国代孕之法律进行研究之前，有必要对这些概念进行界定。

一、跨国代孕及跨国代孕中涉及的当事人和国家

在代孕中涉及多方当事人，最少为三方当事人：代理孕母、有意向的父母和进行人工生殖技术的诊所，最多为：代理孕母、有意向的父母、精子捐献者、卵子捐献者以及进行人工生殖技术的诊所五方当事人。其中，代理孕母（Surrogate/Surrogate mother），又称代孕者，即为有意向的父母怀孕生子，并在代孕儿童出生后，放弃其父母权利的女性。在一些国家，借腹型代孕下的代理孕母被称为"Gestational carriers"或"Gestational hosts"，本书所指代理孕母通指所有类型下的代理孕母。有意向的父母（Intending parents），又称委托父母（Commissioning parent）是指请求他人为其怀孕生子，并有意向在儿童出生后取得其抚养权，成为代孕儿童父母的人。有意向的父母与代孕儿童可能有血缘关系，也可能无血缘关系。

---

[1] European Parliament, Directorate General for Internal Policies of the Union, *A Comparative Study on the Regime of Surrogacy in EU Member States*, issued in March 2013, p. 12.

另外，由于当前各国和各地区之间关于代孕的法律规制冲突极大，许多有意向的父母或代理孕母会跨境进行代孕，由此而产生跨国代孕。国际代孕（International surrogacy）有时也被表述为跨国代孕（Cross-border surrogacy），是指代理孕母和有意向的父母来自不同国家的代孕。海牙国际私法会议将其更具体地界定为代理孕母和有意向的父母居住（Resident）在不同国家时进行的代孕。海牙国际私法会议未适用惯常居所（Habitual resident）的概念，因为其欲对跨国代孕进行广义的界定。在许多情形下，有意向的父母和代理孕母的惯常居所在同一国，但代理孕母可能仅仅暂时旅居到其他允许代孕的国家，以达到代孕的目的。海牙国际私法会议认为此种情形应被认定为跨国代孕。[1]在跨国代孕情形下，又会产生一组关于国家的概念，即接收国和儿童出生国。接收国（Receiving State）是指有意向的父母居住国，以及他们将带着代孕儿童返回的国家。儿童出生国（State of the child's birth）是指代理孕母生产子女的国家，通常也是代理孕母居住国。在跨国代孕中，由于儿童出生国和接收国不一致，通常会产生代孕儿童的亲子关系认定及国籍问题。

其中，对于亲子关系，通常有法定亲子关系和血缘亲子关系两组概念。法定亲子关系（Legal parentage），又称法定父母（Legal parents），是指基于相关法律，获得成为儿童"父母"的法定身份的人，基于该法律，其将获得所有来自这个身份的权利和义务。血缘亲子关系（Genetic parentage），又称血缘上的父母（Genetic parents），是为孕育的子女提供了基因物质的人。在一些

---

[1] Permanent Bureau of Hague Conference of Private International Law, *The Desirability and Feasibility of Further Work on the Surrogacy Project*, Prel. Doc. No 3B of April 2014, p. 33.

语言中，其也被称为"生物学上的父母"（Biological parentage）。在代孕情形下，法定亲子关系和血缘亲子关系通常不完全一致。

二、代孕的类型

代孕根据不同的标准，可以被分为不同的类型。当前关于代孕的分类标准主要有两种，一种是基因型代孕和妊娠型代孕；另一种是商业代孕和无偿代孕。

（一）基因型代孕和妊娠型代孕

根据代理孕母与代孕儿童是否有血缘关系，分为基因型代孕和妊娠型代孕。

基因型代孕（Genetic surrogacy），又称传统代孕（Traditional surrogacy）、部分代孕（Partial surrogacy）等，是指代理孕母提供其基因物质，即卵子，因此代孕儿童与其有基因联系的代孕。基因型代孕可能采取的是自然怀孕方式，也可能是人工授精（Artificial Insemination）怀孕方式。其中，采用自然怀孕方式的代孕即代理孕母通过与有意向的父亲发生性关系而怀孕，因而也被称为自然代孕（Natural Surrogacy）。[1]

妊娠型代孕（Gestational surrogacy），又称借腹型代孕、完全代孕（Full surrogacy）等，是指代理孕母不提供其基因物质，因此代孕儿童与其无基因联系的代孕。基因型代孕通常伴随体外授精技术（In Vitro Fertilization, IVF）进行，配子通常来源于有意向的父母或其中的一个。

两者的区别在于，前者所需之卵子来自代孕母亲，所生代孕儿童与代理孕母有生物学上的亲子关系，后者则无。研究显示，基因型的代孕合同违反公序良俗是众多法院的共识。但对

---

[1] 除明确表示为自然代孕外，本书所称代孕不包含自然代孕。

妊娠型的代孕合同，个别法院则给予了更多的宽容，认为其并不违背社会公德，是有效的法律行为。这种差异现象在英美国家更为普遍。而且，对于基因型代孕，法院往往更倾向于认可代理孕母与代孕儿童之间具有亲子关系；对妊娠型代孕，法院则更多地强调保护委托父母的权益，承认合同的有效性。[1]

（二）商业代孕和无偿代孕

根据有意向的父母是否支付给代理孕母超出合理费用之外的金钱，代孕可以被分为商业代孕和无偿代孕。

商业代孕（Commercial surrogacy arrangement），又称有偿代孕（For-profit surrogacy arrangement），是指有意向的父母支付给代理孕母经济补偿，而该补偿超过合理费用的代孕。该经济补偿可能被表述为为遭遇痛苦而进行的补偿或者简单地被称为代理孕母为怀孕而索要的费用。

无偿代孕（Altruistic surrogacy arrangement），是指有意向的父母无须支付代理孕母任何费用或仅支付其与代孕有关的合理费用的代孕。这种类型的代孕通常发生在有意向的父母和代理孕母是熟人的情形下，例如，亲戚关系或朋友关系。

但我们通常很难对商业代孕和无偿代孕进行明确地区分，因为如何界定"合理费用"存在极大争议。另外，虽然通常认为，与代孕相关的医疗费用、法律咨询费用、生活支出、薪资损失等属于合理费用。但是，在对这些费用的认定上也存在问题。例如，在怀孕之前，代理孕母即处于失业状态，但是其如果索要包括收入损失的合理费用，该代孕是否属于商业代孕？尤其是在有些国家禁止商业代孕而允许无偿代孕的情况下，也

---

[1] Craig Dashiell, "From Louise Brown to Baby M and Beyond: A Proposed Framework for Understanding Surrogacy", *65 Rutgers Law Review*, 851 (2013).

面临着"合理费用"界定困难的难题,比如下文将要提到的英国即为此类典型。英国禁止商业代孕而允许无偿代孕,商业代孕与无偿代孕的界限即为"合理费用",但英国没有立法明确规定"合理费用"的判断标准,只是在司法实践中赋予法官自由裁量,最后呈现的结果存在一定差异。[1]

第四节 跨国代孕引起的主要法律问题

从上述跨国代孕的产生原因和跨国代孕法律关系的基本界定可以看出,跨国代孕除具有代孕的普遍性质之外,还有其特殊的产生原因和特定的法律关系。因此,跨国代孕也会引起特殊的法律问题。从全局性和体系性的高度来看跨国代孕,其主要涉及三方面的法律问题:一是跨国代孕的合法性问题;二是跨国代孕的事前规制问题;三是跨国代孕的事后规制问题。另外,结合当前国际社会对跨国代孕问题的关注,有必要在分析我国现状的基础上结合我国社会现实进而顺应形势做出相关改善。因此,从总体上看,跨国代孕面临三个主要的法律问题。

一、国际私法角度对代孕合法性的分析

合法性问题是涉及代孕的基础性问题。代孕作为人工辅助生殖技术的一项手段,其一诞生便对世界各国的伦理道德、法律体系造成了强烈的冲击,代孕技术发达的各国及地区对代孕是否应合法化的争论持续已久,并都在本国或地区的法律中体现了出来。

对于这一问题,当前主要有三种观点:一是完全禁止代孕,

---

[1] 详见下文第二章第一节第二部分中关于英国代孕立法的介绍。

二是有限禁止代孕，三是完全允许代孕。其中，持完全禁止代孕立场的国家和地区从公共政策及人性尊严等方面反对代孕的合法化。这一派的主要观点认为："代替她人怀孕的所谓'代理母协议'，属于公序良俗违反行为中的危害家庭关系行为类型。基于公序良俗原则的强行法性格，该法律行为自应无效"；[1]代理孕母替他人孕育孩子的行为使得代理孕母沦为"生产机器"，贬低了代理孕母的人性尊严；[2]商业代孕有买卖儿童之嫌，损害儿童的人性尊严。[3]允许代孕的国家和地区则认为，代孕是当事人基本权利的行使，并且代孕并不必然造成对代理孕母和代孕儿童人性尊严的贬损。[4]有限禁止代孕的国家则在这两种观点之间区别对待无偿代孕和商业代孕。

跨国代孕作为代孕的一种特殊形式，其具有代孕的基本性质，上述代孕合法化的争议亦是跨国代孕面临的问题。但是，跨国代孕较之国内代孕更为复杂，其不仅涉及当事人之间的权益之争还涉及国家间的权益之争，涉及对国际秩序的维护。因此，无论是出于一般代孕合法性问题研究的需要，还是出于跨国代孕特殊性下合法性问题研究的需要，都有必要对跨国代孕的合法性问题进行分析。而且，在研究跨国代孕的合法性问题

---

[1] 梁慧星：《民法学说判例与立法研究（二）》，国家行政学院出版社1999年版，第12~16页。

[2] See John Tobin, "To Prohibit or Permit What is the (Human) Rights Response to the Practice of International Commercial Surrogacy", 63 (2) I. C. L. Q. 317~352 (2014), p. 347.

[3] See Iris Leibowitz-Dori, "Womb for Rent the Future of International Trade in Surrogacy", 6 Minn. J. Global Trade 329~354 (1997), p. 336.

[4] See John Tobin, "To Prohibit or Permit What is the (Human) Rights Response to the Practice of International Commercial Surrogacy", 63 (2) I. C. L. Q. 317~352 (2014), p. 347.

时，既需要研究其与国内代孕的共性也要注意其特殊性，在此基础上结合典型国家的立法和司法实践及其背后的利益衡量，对跨国代孕的合法性进行分析。

二、跨国代孕合同及法律适用

跨国代孕合同的法律适用问题是研究跨国代孕法律规制的重要问题。跨国代孕合同是有意向的父母和代理孕母之间就代孕事项达成的合同，跨国代孕合同不包括中介机构或医疗机构与有意向的父母或代理孕母之间的合同。跨国代孕合同法律适用规则的确定受跨国代孕合同的性质和内容的影响，因此在研究具体的跨国代孕合同法律适用规则之前，有必要对跨国代孕合同的性质和内容进行分析。

对于跨国代孕合同的性质，根据其与雇佣合同、承揽合同以及委托合同的比较可知，跨国代孕合同无法被纳入有名合同，因此，跨国代孕合同是无名合同；又由于跨国代孕合同是当事人之间基于基本权利的行使而签订的合同，故国家公共政策不应对其效力进行完全否定。

但代孕应当合法化也不意味着代孕完全不受限制。相反，代孕合法化后更应该对代孕行为进行规制。在跨国代孕中，情形更为复杂，对跨国代孕这一实践进行详细的法律规制更有利于保护各方当事人的利益。本书主要研究跨国代孕合同的法律适用问题。

三、跨国代孕中亲子关系的认定

跨国代孕中代孕儿童亲子关系的认定涉及有意向的父母和代孕儿童的基本权利，同时也涉及接收国和出生国不同的政策利益。因此，这一问题既具有重要性也具有复杂性。具体而言，对于跨国代孕中代孕儿童亲子关系的认定要关注两方面的内容：一是实体法方面关于代孕儿童亲子关系的认定问题；二是冲突法层面代孕儿童亲子关系的法律适用问题。另外，当前关于这一议题，海牙国际私法会议、欧洲人权法院、联合国儿童权利委员会等国际组织都有较新的进展，其中海牙国际私法会议还拟制定关于跨国代孕中代孕儿童亲子关系的统一国际私法规则，因此在完善国内法的同时，也应关注跨国代孕中代孕儿童亲子关系的国际规则制定。

总之，本书以跨国代孕的进程为主线，由跨国代孕的合法性、跨国代孕的事前法律规制以及跨国代孕的事后法律规制三个问题组成本书关于跨国代孕法律问题的整体。最后，在对跨国代孕这三个问题进行研究的基础上，提出对我国代孕法律规制的完善建议则是研究的落脚点。

本章小结

本章以跨国代孕与国内代孕的共性与差异为主线，分析了跨国代孕产生的原因，界定了跨国代孕法律关系，在此基础上概括地提出了跨国代孕中值得研究的三个重要的法律问题，并简要提出了研究思路。

代孕是女性怀着将刚出生的婴儿给他人抚养的意图而怀孕的行为。跨国代孕则是具有涉外因素的代孕行为。跨国代孕与国内代孕有共性也有差异。从其产生的原因来看，跨国代孕产生的根本原因与国内代孕一样，都是有意向的父母欲通过人工生殖技术繁衍后代，但是跨国代孕的跨国性决定了其产生有特殊原因，这些原因主要在于各国之间关于代孕的法律规制存在差异，代孕的经济成本高低不一，提供的代孕服务优劣有别。从跨国代孕法律关系的各要素而言，跨国代孕当事人与国内代孕的当事人有高度的统一，都涉及有意向的父母、代理孕母、代孕中介等，但是跨国代孕还涉及儿童接收国与儿童出生国等国家，其法律关系更为复杂。

基于跨国代孕与国内代孕的共性与差异，有必要对跨国代孕的三个主要问题进行分析：第一，跨国代孕的合法性问题。跨国代孕作为代孕的一种特殊形式，其具有代孕的基本性质，上述代孕合法化的争议亦是跨国代孕面临的问题。但是，跨国代孕较之国内代孕更为复杂，其不仅涉及当事人之间的权益之争还涉及国家间的权益之争，涉及对国际秩序的维护。因此，无论是出于一般代孕合法性问题研究的需要，还是跨国代孕特殊性下合法性问题研究的需要，都有必要对跨国代孕的合法性问题进行分析。第二，跨国代孕合同及法律适用问题。由于跨国代孕涉及伦理道德、法律等方面的众多敏感问题，对跨国代孕合同必须进行谨慎的规制。对跨国代孕合同的内容、性质及其需要进行详细研究。第三，跨国代孕亲子关系认定问题。跨国代孕中代孕儿童亲子关系的认定涉及有意向的父母和代孕儿童的基本权利，同时也涉及接收国和出生国不同的政策利益。因此，对于跨国代孕中代孕儿童亲子关系的认定既要关注各国国内实践也要关注国际实践。

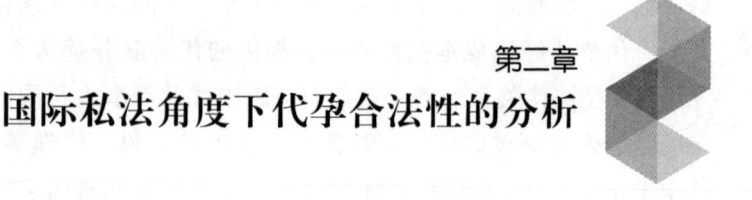

第二章
国际私法角度下代孕合法性的分析

跨国代孕具有涉外性，会衍生出涉及国际私法的一系列问题。从国际私法角度看待跨国代孕问题既要明了国内法中代孕的差异，也要在这些具有差异的国家之间寻求方法，构建起沟通的桥梁。

第一节 代孕合法化的实践之争

目前，由于各国政治、经济、宗教理念以及道德伦理观念等方面差异的存在，各国关于代孕合法化的立场不一。对这些不同立场的对比分析是研究跨国代孕合法化问题的基础。结合主要国家的做法，笔者将当前国内法中对待代孕的立场分为三类：一是完全禁止代孕；二是有限禁止代孕；三是完全允许代孕。

一、完全禁止代孕

代孕行为自产生之初即引起了理论界和实务界的广泛争议，实践中对待代孕行为也多为禁止态度。虽然随着社会的发展，这种态度日益软化，但是仍有许多国家和地区坚持完全禁止代孕的立场，比如德国、法国和日本。

(一）法国

法国可谓是禁止代孕最彻底的国家，其从民法上规定代孕合同无效，从刑法上打击代孕行为。

第一，代孕合同在民法上无效。1994 年《法国民法典》增加了第 16-7 条，规定"任何涉及为第三人怀孕的协议都是无效的"。[1] 这一规定不存在例外情形，这使得所有的国内代孕都是无效的。而且，不同于其他许多国家，这一条款不是来源于人工生殖的法案，而是来源于生命伦理的法案。该法案的官方翻译是《人身尊重法案》（Act concerning respect for the human body）。[2] 这一表述表明，法国对这一问题采取的解决途径是聚焦于对生命伦理基本原则的保护而不是对人工生殖技术的规制。该法案起源于法国最高法院 1991 年作出的一个关于代孕的判决。在该判决中，即使代孕双方对代孕合同皆无争议，法国最高法院仍撤销了前审允许通过收养解决代孕儿童亲子关系认定问题的判决。[3] 法国最高法院认为，任何代孕合同，即使是无偿的，也仍会违背公共政策，因而无效。[4]

---

[1] 参见法国《民法典》第 16-7 条。

[2] 1994 年，法国颁布《生技伦理法》（The Bioethics Law），建立了生殖医学管制架构，基本上对人工生殖科技采取较为保守的限制立场。除了代理孕母外，法国接受其余所有的人工生殖技术，但仅限于异性夫妻、已婚或有 2 年以上稳定关系且双方皆存活并处于生育年龄，故单身女性、同性伴侣、年老夫妻或寡妇皆不得通过人工生殖技术生育。2004 年，该法案有小幅度的修改：仅有经法国卫生部（Ministry of Health）许可的医师可执行生殖医疗业务，于 2004 年修改后将这一权限转移于新成立的"the Agence de la biomedicine"。这一机构也为欧洲唯一一个结合管理器官捐赠、生殖、人类胚胎与基因等四大领域的机构。参见 2010 年陈志雄等发表的《世界各国代孕生殖政策探讨》。

[3] Procureur Général v. Madame X（Cass. Ass. Plénière, 31 May 1991, J. 417）. 参见 2010 年陈志雄等发表的《世界各国代孕生殖政策探讨》。

[4] Procureur Général v. Madame X（Cass. Ass. Plénière, 31 May 1991, J. 417）. See Louis Perreau-Saussine and Nicolas Sauvage, "France", in Katarina Trimming and

第二，刑法禁止代孕行为。1991年的判决不仅认为代孕合同在民法上无效，也提出了应当从刑法上禁止代孕。在当时，《法国刑法典》未明确规定禁止代孕。然而，代孕行为被归入"隐瞒"出生（concealing birth）[1]，为《法国刑法典》所禁止，最高将被判处3年有期徒刑和罚款45 000欧元。[2]除此之外，1991年判决之后，法国出台了1994年《生命伦理法》，将从事代孕的中介机构和人员纳入刑责规定范围。《法国刑法典》也针对居中介绍代孕的行为设置了"妨害亲子关系罪"，无论是无偿介绍还是有偿介绍都将被认定为该罪，最高将处以2年监禁并罚款30 000欧元。[3]同时，《法国刑法典》第511-24条规定禁止任何不被《公共卫生规范》（Public Health Code）所允许的人工生殖技术，[4]其中包括代孕行为。[5]

（接上页）Paul Beaumont (eds.), *International Surrogacy Arrangements-Legal Regulation at the International Legal*, Hart Publishing, 2013, 1st. ed., p. 120.

〔1〕 隐瞒出生是指父母或其他责任主体隐瞒儿童出生的事实，不加以说明的行为。See https://en.wikipedia.org/wiki/Concealing_birth, last visited on February 13, 2016.

〔1〕 《法国刑法典》第227-13条规定："故意替代、虚假陈述或隐瞒侵犯儿童民事地位的行为，可处3年监禁和45 000元罚款。企图犯这一罪行将受到同样的惩罚。"

〔1〕 《法国刑法典》第227-12条规定："以营利为目的或者以赠送、许诺、威胁或滥用权势，挑唆父母或其中一人，抛弃已出生或将出生之子女的，处6个月监禁并科7500欧元罚金。以营利为目的，在意欲收养子女与意欲抛弃子女的人之间充当中介的，处1年监禁并科15000欧元罚金。在希望收养儿童的人与同意为该人怀孕并将儿童交付该人的女子之间充当中间人之行为，处相同之刑罚；当此种行为是经常性实施或以营利为目的的，刑罚加倍。"

〔1〕 《法国刑法典》第522-24条规定："为《公共卫生法》第L.152-2条规定的目的以外的目的进行医疗辅助生殖，将被处以5年监禁和75 000欧元罚款。"

〔1〕 See Louis Perreau-Saussine and Nicolas Sauvage, "France", in Katarina Trimming and Paul Beaumont (eds.), *International Surrogacy Arrangements-Legal Regulation at the International Legal*, Hart Publishing, 2013, 1st. ed., p. 121.

(二) 德国

德国也是完全禁止代孕的国家，但德国对代孕的禁止较法国更为宽松。德国虽然也从民法上规定了代孕合同无效，从刑法上规定了代孕行为犯罪，但是其刑罚仅针对代孕中介以及进行的代孕广告等行为，不处罚有意向的父母和代理孕母。

第一，民法中代孕合同无效。在德国出台关于代孕的法律之前，德国联邦法院对于代孕的案件均以代孕违反《德意志联邦共和国基本法》（简称《德国基本法》）的立法精神而判定代孕合同无效，无法强制执行。自1989年之后，德国以成文法形式明确了对代孕的禁止态度。1989年《德国收养中介法》（The Act on the Adoption Placement and the Ban on the Arrangement of Surrogate Mother, AdVermiG）和1990年《德国胚胎保护法》（The Embryo Protection Act, ESchG）是德国立法规制代孕的首次尝试。这两部法案都对代孕采取禁止的态度。同时，根据《德国民法典》第134条，违反禁止性法令的行为自始无效。因此，代理孕母或有意向的父母与代孕中介或医疗人员之间的合同因违反了《德国收养中介法》和《德国胚胎保护法》而无效。[1]

第二，刑法禁止代孕行为。《德国收养中介法》禁止支持代孕的一切商业行为。该法开宗明义地表示"本法……主要目的在于禁止及处罚代孕之中介、广告宣传及公开搜集相关资料之行为"[2]，

---

[1] 有学者认为，有意向的父母和代理孕母之间的合同以及收养中介合同因违反了德国的公共政策而无效，但非商业性代孕合同未涉及商业行为，应当认定为有效。但是，主流学说之一认为所有人工生殖的合同均会导致母子的分离，这与德国法律精神不相符，因此违背了公共政策。See Susannel Gossl, "Germany", in Katarina Trimming and Paul Beaumont (eds.), *International Surrogacy Arrangements-Legal Regulation at the International Legal*, Hart Publishing, 2013, 1st. ed., p. 135.

[2] 参见2010年陈志雄等发表的《世界各国代孕生殖政策探讨》。

并在第13条和第14条规定了更详细的禁止性规则和违反这些禁止性规则所要承担的刑事责任。《德国胚胎保护法》的立法目的则是维护《德国基本法》对于人类尊严与生命的保护，故对受精卵加以保障，防止人工生殖技术被滥用。该法认为代孕是滥用生殖技术的行为，因此规定为代理孕母进行人工授精或胚胎移植手术的人，将被处以有期徒刑或罚金。[1]

(三) 日本

日本当前并无关于代孕的立法。但笔者将日本纳入完全禁止代孕的国家主要是基于两点原因：第一，日本医学组织和政府强烈谴责代孕行为，许多非规范性文件都禁止代孕，而且这些文件虽然无法律约束力，但是属于行业规则，对相关行业具有约束作用。第二，日本在司法实践中认定代孕违反公共政策，而且拒绝承认代孕儿童与有意向的父母的亲子关系。

第一，非规范性文件完全禁止代孕。1991年，东京成立了第一家代理孕母咨询中心，希望尝试代孕行为的不孕夫妻经由该中心的咨询与协助，开始在海外透过代理孕母得到孩子。该中心报告指出：它平均每年为300对~400对不孕夫妻提供咨询。但及至现在，日本尚无立法对代孕进行规制，仅有医学组织和政府议会强烈谴责这一行为。[2]例如，2003年，日本卫生、劳动和社会福利部下的委员会以及司法部下的委员会表示不提倡代孕。[3]同

---

[1]《胚胎保护法》第1条第1款第7项："以下行为将被处以三年以上有期徒刑或罚金：……g. 尝试为一个预备在孩子出生后永远放弃该孩子的妇女（代理孕母）进行人工授精，或是植入一个人类胚胎到其体内"。

[2] 参见2010年陈志雄等发表的《世界各国代孕生殖政策探讨》。

[3] Marcelo De Alcantara, "Japan", in Katarina Trimming and Paul Beaumont (eds.), *International Surrogacy Arrangements-Legal Regulation at the International Legal*, Hart Publishing, 2013, 1st. ed., p. 248.

年4月,日本产科妇科学会(Japan Society of obstetrics and Gynecology, JSOG)发布了关于代理孕母之指示《关于代理怀孕之见解》,该指示是学会约束会员的行为规范。其规定:"不论有无接受对价,本会会员不能参与为了代理怀孕而实施的繁殖辅助医疗。另外也不得进行代理怀孕之中介。"[1]

差不多同时,厚生科学审议会尖端医疗技术评价部会下设立了"关于繁殖辅助医疗技术的专业委员会",在2003年1月举行"关于繁殖辅助医疗技术的意见调查",以一般国民为对象也以该调查之结果为基础,进行为期1年9个月、持续总计29次研讨并于2003年4月28日做成《关于精子、卵子、胚胎的提供繁殖辅助医疗制度整备报告书》。该报告书认为以下事项应当被有限遵守:优先考虑代孕儿童的利益,不得将他人作为繁殖工具,充分保障医疗设备的周全,禁止选择胎儿性别,禁止商业中介,尊重人性尊严。[2]

在2006年,日本科学理事会(The Science Council of Japan, SCJ)应政府要求设立"辅助医疗技术审查委员会"(Assisted Reproductive Technologies Review Committee),考察辅助生殖技术,尤其是代孕带来的一系列问题。其在2008年4月8日的最终报告《以代孕为中心的人工生殖技术问题报告书——依据社会合意》(Issues Related to the Assisted Reproductive Technologies Centered on Surrogacy Pregnancy—— Toward a Social Consensus)中提出应当禁止代孕,医疗工作者和医疗机构从事的商业代孕行为应

---

[1] JSOG作此规定主要是基于四个原因:第一,为保护未出生儿童的利益;第二,代孕可能给代理孕母带来身体或心理上的负面影响;第三代孕使得家庭关系复杂化;第四,社会不接受代孕。See Trisha A. Wolf, "Why Japan Should Legalize Surrogacy", 23 Pac. Rim L & Pol'y J. 461 (2014).

[2] 参见2010年陈志雄等发表的《世界各国代孕生殖政策探讨》。

当受到惩罚。而且，该报告还指出："对于代孕儿童的法律地位问题，代理孕母应当被看作代孕儿童的母亲……这也适用于在国外实施的代孕行为。"但似乎与这一规定相冲突，该报告还规定："对于已婚夫妻委托进行的代孕，代孕儿童的亲子关系可以通过收养或特殊收养方式取得……这也适用于国外实施的代孕行为。"[1]总之，SCJ的报告认为国内法应当禁止代孕，但是伴侣可以寻求跨国代孕，并通过收养方式达成与代孕儿童的亲子关系。

第二，实践中对有意向的父母与代孕儿童之间亲子关系的否定。实践中，考虑到立法的缺乏，代孕很可能被禁止，日本法院也未对现存法律进行解释以支持代孕。[2]日本最著名的代孕案件之一是"向井亚纪案"。在该案中，日本著名电视人物向井亚纪（Aki Mukai）与前职业摔跤手高田伸彦（Nobuhiko Takada）结婚7年后，向井亚纪怀上了他们的第一个孩子。不久，向井亚纪被诊断出患有子宫颈癌，被切除了一侧卵巢。于是，其决定冷冻卵子，并考虑在国外代孕。2002年8月，向井亚纪和高田伸彦飞到美国内华达州开始代孕进程。最终，他们的代理孕母怀孕并于次年11月生下了两个双胞胎男孩，高里班里（Banri Takada）和高田裕田（Yuta Takada）。这对夫妻原计划通过他们的美国出生证获得双胞胎的日本国籍，但他们的要求却被日本政府所拒绝。[3]向井亚纪及其丈夫遂向东京家事法院提

---

[1] See Trisha A. Wolf, "Why Japan Should Legalize Surrogacy", 23 Pac. Rim L & Pol'y J. 461 (2014).

[2] Marcelo De Alcantara, "Japan", in Katarina Trimming and Paul Beaumont (eds.), *International Surrogacy Arrangements-Legal Regulation at the International Legal*, Hart Publishing, 2013, 1st. ed., pp. 248~249.

[3] Marcelo De Alcantara, "Japan", in Katarina Trimming and Paul Beaumont (eds.), *International Surrogacy Arrangements-Legal Regulation at the International Legal*, Hart Publishing, 2013, 1st. ed., p. 250.

起诉讼，东京家事法院不受理该案，当事人提起上诉。最终，日本最高法院于平成19年3月23日（2007年3月23日）判决："当亲子关系所涉及的当事人基于《民法典》是不合格的时候，外国法院作出的承认和建立亲子关系的判决违背了《民事诉讼法典》第118条3号所述的公共政策，因此将不在日本发生效力。"另外，根据日本法，法定母亲是生产之妇女。基于此，法院认为母子关系不能在双胞胎和未生育他们的妇女之间确立，即使双胞胎与有意向的父母有基因上的联系。[1]可见，日本在司法实践中不承认外国法院作出的赋予有意向的父母亲子关系的判决，因为"依现行民法解释"，否认"在不得不分离分娩者所具备的母亲的概念后，养育人或有血缘关系的受委托夫妇才能当作是实际亲属"。其表示："外国法院认同，但本国民法不认同的亲子关系的相关判决，本来就不是我国法律秩序的基本原则，亦与本国基本理念不相容，因而违反民诉法118条3号所述的公共政策。"[2]

但值得注意的是，上述2008年4月日本科学理事会做出的报告书肯定了有必要就代孕儿童的身份关系进行规制之观点。并且委员会认为，从儿童利益保护角度出发，应承认代孕儿童与有意向的父母之间的养子或特别养子等法律上的亲子关系。

二、有限禁止代孕

有限禁止代孕也被称为有限允许代孕，这种类型大多是指

---

[1] See Marcelo De Alcantara, "Japan", in Katarina Trimming and Paul Beaumont (eds.), *International Surrogacy Arrangements: Legal Regulation at the International Legal*, Hart Publishing, 2013, 1st. ed., p. 250.

[2] Marcelo De Alcantara, "Japan", in Katarina Trimming and Paul Beaumont (eds.), *International Surrogacy Arrangements—Legal Regulation at the International Legal*, Hart Publishing, 2013, 1st. ed., pp. 251~252.

在商业代孕和无偿代孕这种分类下,仅允许无偿代孕而禁止商业代孕;在基因型代孕和妊娠型代孕这种分类下,允许基因型代孕而禁止妊娠型代孕或者允许妊娠型代孕而禁止基因型代孕。有限禁止代孕的国家和地区较多,例如,英国、澳大利亚、加拿大、荷兰、以色列、阿根廷、美国新泽西州和俄亥俄州、泰国、印度等。本书将以英国、澳大利亚、以色列以及印度为例进行研究。

(一) 英国

英国允许无偿代孕,禁止商业代孕。英国对代孕的这一态度主要体现在其代孕法律规制和公益团体运作机制中。

1. 英国对代孕的法律规制

英国是人类历史上首位试管婴儿的诞生国,其是对人工生殖技术和代孕进行法律规制的较早也较全面的国家。1985年,英国的考顿女士通过美国商业代孕中介,受一对美国夫妻的委托,以代理孕母身份产下一名女婴,并获取6500英镑的报酬。最后英国法院裁定该女婴由有意向的父母收养。此事在英国引起轩然大波,并促使国会在同年进行了有关代孕的立法。[1]

事实上,在该案之前,英国已于1982年成立了瓦诺科委员会(The Warnock Committee),对于牵涉社会、伦理与法律等层面的相关议题加以研究。该委员会于1984年提出《Warnock报告书》(The Warnock Report on Human Fertilisation and Embryology)。该报告书对于商业代孕持反对态度,认为代孕合同应属违法而无效,亦无法请求法院执行,并禁止个人或机构进行商

---

[1] Michael Wells-Greco, "United Kingdom", in Katarina Trimming and Paul Beaumont (eds.), *International Surrogacy Arrangements-Legal Regulation at the International Legal*, Hart Publishing, 2013, 1st. ed., p.370.

业型代孕中介，违者将科以刑责。《Warnock 报告书》建立了生殖科技与代理孕母规范的基本框架。随后的一系列法案和法令，例如，1985 年出台的《代孕法》（Surrogacy Arrangements Act）、1990 年出台的《人类生殖与胚胎研究法》（Human Fertilisation and Embryology Act 1990）、2002 年出台的《儿童收养法》等，都是以《Warnock 报告书》为基础制定的。这些成文法和英国关于代孕的判例构成了英国规制代孕的规则。例如《代孕法》仅有 5 条，但是规定了代理孕母及代孕合同的定义、代孕合同的内容和亲子关系转移的条件，以及重点规定了禁止商业代孕以及促成商业代孕的各种行为，违者将受刑事处罚。[1] 随后，鉴于《代孕法》无法涵盖新兴生殖科技的发展，英国国会于 1990 年通过《人类生殖与胚胎研究法》（Human Fertilisation and Embryology Act 1990），该法还是明确不承认商业代孕合同的效力。

2. 公益团体的运作

《代孕法》禁止商业性中介代孕，但允许非营利性组织居中介绍有意向的父母与代理孕母认识。这也是英国禁止商业代孕，允许无偿代孕的一个体现。

一方面，根据英国立法，凡倡议或参与代孕的磋商、要约或承诺安排此种磋商的行为、为完成或磋商代孕而进行的资料搜集行为都属于犯罪行为，该行为人为法人、公司或非法人团体时亦同。因此可见，英国禁止商业代孕组织。

另一方面，英国允许非营利性代孕组织。当前，英国有两大非营利性代孕组织：COTS（Childlessness Overcome Through Surrogacy）和 Surrogacy UK。这些代孕组织为有意向的父母和代

---

[1] 参见 2010 年陈志雄等发表的《世界各国代孕生殖政策探讨》。

理孕母提供有关代孕的服务。以 COTS 为例,其是英国第一个代孕公益团体,成立于1988年,是为有意向的父母与有意成为代理孕母的女性提供第一手代孕经验与资讯的公益机构。其成立的目的是希望通过搜集代理孕母与有意向的父母间的经验,帮助更多的代理孕母与有意向的父母了解代孕过程中可能遭遇的各种问题。其提供的代孕备忘录为当事人签署正式代孕合同提供了具体条款及内容的全面参考。[1]

3. 商业代孕的判断标准

英国法通过对代孕费用的规定来区分商业代孕和无偿代孕。根据其立法,代孕不能超过"合理费用"(reasonable expense)。但值得注意的是,对于合理费用,英国法并无明确界定。法院在对代孕案件的费用进行判断时,有极大的自由裁量权。在法院看来,商业代孕是不合法的,但是有时必须承认其是合理的。

在"L(A Minor)案"[2]中,高等法院必须对一个美国的商业代孕合同进行考量。该合同在其实施地伊利诺伊州是完全合法的,但在英国,其会因费用超出合理费用而被认定为违法。但是,当有意向的父母在英国申请亲子关系命令时,法院首次明确代孕儿童的利益高于费用涉及的公共政策。随后,2010年颁布的《亲子关系命令规章》(Parental order 2010 regulation)引入了2002年《儿童收养法》中关于儿童最大利益确认的条款,此举使得儿童利益最大化原则进一步上升为最重要的原则。至此,除非出现如儿童买卖般的严重违反公共政策的行为,否

---

[1] 参见2010年陈志雄等发表的《世界各国代孕生殖政策探讨》。
[2] L(A Minor) EWHC 3146.

则只要符合儿童最大利益原则，法院都可能做出亲子关系命令。[1]

在"Re S（parental order）案"[2]中，一对英国已婚夫妻到美国加利福尼亚州，委托代理孕母进行代孕。该案涉及一大笔代孕费用，其中一笔高达 23 000 美元的费用被支付给了代理孕母。法院认为这些费用明显超出了"合理费用"的范围。但是赫德利法官进一步考虑了儿童利益，认为商业代孕没有规避关于儿童利益的相关法律，那么该商业代孕便是应当被批准的。但是，赫德利法官也提醒法院注意那些有儿童买卖征兆的费用或者实际上压制了代理孕母意愿的费用。

在"A and A v P, P and B 案"[3]中，给代理孕母的费用大约 4500 英镑，该费用包含收入损失、哺乳费用以及其他适度开销。另外，大量的费用被支付给诊所，包括住宿费、食物以及护理费。泰斯法官认为："就我所知，这些费用已经超过了合理费用的范围。例如，支付给代理孕母的收入损失是指两年的收入损失。同时，没有证据证明有意向的父母所为的行为是怀有最大诚信的，因此，这一支付水平可以称之为压制了代理孕母的意愿。在那些被授权的情形中，……支付行为是根据合同给代理孕母的。"

另外，在"Re X and Y（Children）案"[4]中，亲子关系命

---

[1] 下文将列举英国亲子关系命令的颁发条件。事实上，其中有一条就是关于代孕费用不得超过合理费用的。但是，2010 年的规章实际上基于儿童利益原则，对合理费用进行了宽泛性的解释。See Michael Wells-Greco, "United Kingdom", in Katarina Trimming and Paul Beaumont（eds.）, *International Surrogacy Arrangements-Legal Regulation at the International Legal*, Hart Publishing, 2013, 1st. ed., p. 370.

[2] Re S（parental order）1 FLR 1156.

[3] A and A v P, P and B EWHC 1738（Fam）.

[4] Re X and Y（Children）EWHC 3147.

令申请者，A先生和A太太，通过一个中介公司的介绍联系上了印度新德里一家代孕生殖诊所里的代理孕母。该中介公司负责寻找已生育的妇女为代理孕母。A先生和A太太接受中介公司的建议，寻找了两个代理孕母以提高代孕成功率。在A先生和A太太前往印度之前，他们没有在英国做法律咨询。最终，两位代理孕母分别产下X（男）和Y（女）。代孕公司起草了关于代孕和资金方面的合同。合同第一部分明确了有意向的父母是代孕儿童的唯一父母，代理孕母们宣布放弃所有关于代孕儿童的法定权利。第二部分要求有意向的父母根据医疗费用和补偿费，支付代理孕母200万卢比（约27 000英镑）的费用。诊所不是合同当事人也不承担任何责任，该代孕合同是代理孕母和有意向的父母之间的合同。代孕儿童出生后，A先生和A太太向英国申请亲子关系命令。

对此，英国法院关注于三个问题：第一，该费用是否违反了"合理费用"；第二，任何费用的支付是否需要授权；第三，关于费用的授权是否应将儿童利益作为最重要考虑原则。有意向的父母承认他们支付的费用超过了合理费用，但是他们认为法院应当授权，因为他们的行为是充满诚信的，他们没有欺诈的意图，而且他们支付的费用并没有因太过不成比例而违背公共政策。而且，为了儿童利益，有意向的父母认为法院应当授权该费用，并作出亲子关系命令。

通过上述案件可以看出，英国法院对合理费用标准的判定是不清晰的。他们自身没有具体的标准来判断代孕费用的支出是否是合理的。但是，正如赫德利法官所说："法院需要在互相冲突的概念中寻求一种平衡。议会明确立法禁止商业代孕并希望法院在其判决中执行这一政策考量。但是其也承认严格执行这一政策将对那些完全无准备接受这一规则的人带来压力，例如，给代孕儿童带来压力，因此，这一规则需要通过考虑儿童利益来加以缓和。这一方法是人性化的、理智的。但是困难在于，当案件诉诸法院时，基本不可能想象儿童利益（尤其是外国儿童）的妥协。"[1]因此，在英国，超过合理费用的支付是违法的，但是法院不会一味地遵从严格的规则，而是更关注儿童的未来。

如果要控制商业代孕，应当规定法院程序启动前的相关规则，也就是在有意向的父母踏出国境时，甚至更早即开始进行规制。尽管这些控制手段的具体细节需要进一步思考，但在更早的阶段解决问题相较于在儿童出生后再解决是一个更好的途径。因为当儿童出生后，考虑到儿童利益，即使支出了大笔费用，法院也不得不采取一些解决之道。[2]

4. 对无偿代孕的限制

英国允许无偿代孕，但在允许的同时也对其进行了限制。这些限制主要体现在对有意向的父母的条件设置以及行政机关的监管。

根据《人类生殖与胚胎研究法》，有意向的父母进行代孕必须满足三个条件：第一，代孕胚胎必须由有意向的父母的一方或双方生殖细胞所形成；第二，有意向的父母必须是夫妻、同性伴侣或者处于稳定同居关系中的双方，且非禁止通婚的关系；第三，确定代孕儿童亲子关系的亲子关系命令作出时，有意向

---

〔1〕 X and Y (Foreign Surrogacy) EWHC 3030.
〔2〕 Michael Wells-Greco, "United Kingdom", in Katarina Trimming and Paul Beaumont (eds.), *International Surrogacy Arrangements-Legal Regulation at the International Legal*, Hart Publishing, 2013, 1st. ed., pp. 379~380.

的父母必须年满18周岁。[1]

另外，英国还设置了法定专责机构，即人类生殖与胚胎研究管制局（HFEA），借由公权力介入监管，避免在科技的发展之下，大众对人性尊严愈加轻视，最终将个人或生命视为商品，不再尊重人类存在的价值。或许有部分学者质疑，过度管制将会侵害宪法赋予人们的医疗及研究自由，但是，HFEA确实展现了其随着科技发展与时俱进的政策更新能力，并遵从其一贯宗旨——保护子女最佳利益。[2]

（二）澳大利亚

澳大利亚作为联邦制国家，其关于代孕的规则由各州或特区各自制定。较为一致的是，在澳大利亚的2个特区和6个州中，除北特区无立法直接规制代孕之外，剩下的澳大利亚首都特区和6个州对于代孕都有各自的规范且都允许无偿代孕并对其进行规制，禁止商业代孕且从刑法上进行处罚。[3]

1. 澳大利亚对代孕的规制

澳大利亚各地区对代孕的立场是禁止商业代孕，允许无偿代孕。对此，各地区的立法主要体现在两个方面：第一，对于无偿代孕，允许有意向的父母向法院申请亲子关系命令（par-

---

[1] 参见《人类生殖与胚胎研究法》第54条。
[2] 参见2010年陈志雄等发表的《世界各国代孕生殖政策探讨》。
[3] Parentage Act 2004 (ACT), Surrogacy Act 2010 (NSW), Surrogacy Act 2010 (Qld), Family Relationships Act 1975 (SA), Surrogacy Act 2012 (Tas), Assisted Reproductive Treatment Act 2008 (Vic), Status of Children Act 1974 (Vic), Surrogacy Act 2008 (WA). 另外还有一些州法和联邦法与代孕相关。其中，关系最密切的是《收养法》和《人工生殖技术法》，这两方面的法律都是由各州和特区自己制定。还有关于父母责任、移民和国籍相关的法，由国家立法。See Mary Keyes, "Australia", in Katarina Trimming and Paul Beaumont (eds.), *International Surrogacy Arrangements-Legal Regulation at the International Legal*, Hart Publishing, 2013, 1st. ed., p.25.

entage order），亲子关系命令将父母身份从代理孕母和其配偶或伴侣转移给有意向的父母；明确地承认有意向的父母有义务补偿代理孕母关于代孕的费用。第二，对于商业代孕，所有商业代孕合同都违反刑法。[1]

例如，澳大利亚首都特区在其 2004 年的《亲子法》（Parentage Act）中明令禁止商业代孕，任何参与商业代孕的中介及提供技术协助怀孕的人都将被处以刑罚。但该法同时规定纯粹利他的非商业性代孕是合法的，且准许转移代孕儿童亲子关系至委托夫妻。维多利亚州于 2010 年生效的《人工生殖治疗法》（Assisted Reproductive Treatment Act），允许在符合条件的情形下，由已登记的人工生殖机构以非商业性代孕作为不孕治疗的选择，同时规定禁止商业代孕，且代孕合同不得强制执行。昆士兰州在 2010 年《代孕法》出台之前，是澳洲唯一禁止商业代孕的地区。其《代孕亲子关系法》（Surrogate Parenthood Act 1988）规定，所有代孕都违法，包括商业代孕和无偿代孕，违者将受到最高 3 年监禁或 10 000 澳币的惩罚。2010 年，该州议会在经过多方讨论后决定将非商业性代孕合法化，废弃 1988 年《代孕亲子关系法》，通过《代孕法》。而且，在唯一没有规定代孕相关立法的北特区，其澳洲国家健康暨医药研究委员会（National Health and Medical Research Council，NHMRC）所订立的纲领禁止商业代孕。此纲领虽然不是法律规范，但是从侧面反映了北特区对代孕的态度。[2]

---

[1] Mary Keyes, "Australia", in Katarina Trimming and Paul Beaumont (eds.), *International Surrogacy Arrangements-Legal Regulation at the International Legal*, Hart Publishing, 2013, 1st. ed., pp. 27~32.

[2] 参见 2010 年陈志雄等发表的《世界各国代孕生殖政策探讨》。

2. 对无偿代孕的限制

澳大利亚对于无偿代孕也并不是完全开放的，进行无偿代孕有一定的条件。这些限制主要体现在以下几方面：

首先，最重要的条件也是各地区都设置的条件是：①有意向的父母居住在该辖区；②转移亲子关系的亲子关系命令申请必须在代孕儿童出生后但不超过6个月的时间内作出。[1]

其次，在大多数地区，要求当事人在进行代孕前必须进行协商咨询。具体而言，有立法规制的7个地区都要求代孕当事方要接受辅导建议，大多数地区还要求当事人接受法律建议。例如，在西澳大利亚，要求精子和卵子捐献者要接受辅导建议和法律咨询。这一规定的目的在于确保代孕各方当事人完全了解代孕的风险，并于受孕前接收到相关信息。

最后，虽然各辖区对于年龄要求的对象以及具体年龄标准不同，但都有关于最低年龄的要求。例如，新南威尔士州、塔斯马尼亚州以及西澳大利亚州都规定了有意向的父母和代理孕母的最低年龄。其中，新南威尔士州规定，代理孕母至少达到25周岁，有意向的父母在代孕合同达成时必须满18周岁；塔斯马尼亚州规定，在进行代孕时，代理孕母至少达到25周岁，而有意向的父母必须达21周岁；西澳大利亚州则规定代理孕母和有意向的父母中的至少一个在申请亲子关系命令时必须达到25

---

[1] 在昆士兰州、南澳州、西澳洲、维多利亚州，亲子关系命令必须在代孕儿童出生4周后才能申请；在塔斯马尼亚州和新南威尔士，亲子关系命令必须在代孕儿童出生30天后才能作出；而在首都特区，亲子关系命令则必须在代孕儿童出生后6周才能申请。See Mary Keyes, "Australia", in Katarina Trimming and Paul Beaumont (eds.), *International Surrogacy Arrangements-Legal Regulation at the International Legal*, Hart Publishing, 2013, 1st. ed., pp. 27~38.

周岁。[1]

另外,还有些地区提出了明显不同的要求。例如,南澳大利亚州和西澳大利亚洲规定,同性恋不能成为有意向的父母;新南威尔士州和昆士兰州则要求有意向的父母必须要有社会需要或者是男性同性恋者才可以进行代孕。[2] 总之,这些条件反映出,澳大利亚虽然允许无偿代孕,但是对其限制极为严格。

(三) 以色列

以色列对代孕的态度经历了从禁止代孕到禁止商业代孕、允许无偿代孕的逐步开放的过程。

1. 以色列对代孕的规制

以色列也是禁止商业代孕的典型国家。1996年,以色列国会通过了《代理孕母法》(Surrogate Motherhood Agreements Act),明确了以色列禁止商业代孕的立场。但事实上,以色列对代孕的规制也经历了从完全禁止到有限制开放的过程。

在1996年《代理孕母法》出台之前,以色列对代孕行为是禁止的。例如,在"鲁蒂和丹尼案"中,鲁蒂和丹尼是一对已婚夫妇,在妻子鲁蒂因为子宫颈癌切除了子宫而无法生育之后,他们希望通过代孕而拥有自己的孩子。但是以色列政府当时不承认代孕行为在以色列国内的合法性,而不准鲁蒂和丹尼在以色列进行代孕。鲁蒂和丹尼遂向法院提起对以色列卫生署的诉讼。法院最后判决鲁蒂和丹尼可以在以色列境内进行体外人工

---

[1] Mary Keyes, "Australia", in Katarina Trimming and Paul Beaumont (eds.), *International Surrogacy Arrangements-Legal Regulation at the International Legal*, Hart Publishing, 2013, 1st. ed., p. 30.

[2] Mary Keyes, "Australia", in Katarina Trimming and Paul Beaumont (eds.), *International Surrogacy Arrangements-Legal Regulation at the International Legal*, Hart Publishing, 2013, 1st. ed., p. 31.

授精的程序,但胚胎的植入必须在以色列境外进行。[1]

由于以色列对代孕行为的禁止,许多以色列夫妻出国寻求代孕。尤其是美国在"Baby M案"中开启了商业代孕合同合法化的大门之后,许多以色列有意向的父母赶赴美国寻求代孕服务。因此,为使得以色列人可以在国内合法进行代孕,1996年以色列国会通过了《代理孕母法》。该法明确了以色列允许无偿代孕,禁止商业代孕的立场。该法规定代理孕母除必要的医疗、法律、保险以及生产期的生活费之外,不得有任何的金钱交易,否则将视为贩婴行为。

2. 代孕中行政监管的重要性

以色列的《代理孕母法》有一个明显特色,即强调代孕中行政监管的重要性。在整个代孕进程中,都有各种行政监管手段。

首先,专责委员会的监管。以色列政府成立了代孕的专责委员会(The Approving Committee),该委员会是以色列国内唯一合法的中介团体,由7名专业人员组成,包括2名合格的妇产科医生、1名合格内科医生、1名临床心理学家、1名社工人员、1名律师、1名神职人员。《代理孕母法》规定,代孕必须在专责委员会的监管下进行,以保证代理孕母和有意向的母亲的身心健康;所有的代孕合同都需经过专责委员会核准。

其次,社工人员的介入。《代理孕母法》规定在代孕进行时以色列社会福利局应指派社工人员介入。有意向的父母应在代理孕母怀孕第5个月时告知社工人员预产期及预产地点;在婴儿出生的24小时内,有意向的父母或代理孕母应通知社工人员

---

[1] 参见2010年陈志雄等发表的《世界各国代孕生殖政策探讨》。

到达生产地点。从代孕儿童出生后到出生登记与亲子关系归属手续完成之前，该社工人员担任代孕儿童的合法监护人。并且，在有意向的父母未向法院申请领养代孕儿童时，由该社工人员提出申请。[1]

3. 无偿代孕的条件

除上述行政监管之外，以色列还规定了进行代孕的条件限制。这种限制主要体现在三个方面：

第一，有意向的父母的条件限制。为了保障代孕儿童未来可以由父母双方教养长大成人，以色列法律规定，有意向的父母必须是异性夫妻。也就是说，同性恋者以及单身男女不得进行代孕。另外，有意向的父母的年龄也有限制，男方不得超过59周岁，女方不得超过48周岁。

第二，代理孕母的条件限制。代理孕母年龄必须超过22周岁，不满40周岁；必须具有生产过一胎的经验，且不可有超过5次的生产经验以及不可有2次以上的剖腹产经历。

第三，医疗机构进行代孕手术之前，应对代理孕母进行检查及评估。保证代理孕母是在知悉所有代孕条件及权利义务下同意代孕的。[2]

（四）印度

在代孕问题上，印度是一个较为特殊的国家。在2015年之前，印度对于代孕极为宽松，其甚至承认商业代孕的合法性。因此，印度一度形成了生殖医疗旅游的特色产业。但在2015年之后，两起代孕的案例促使印度修改了法律，2018年，印度立法机构正式出台一项法律，对代孕进行了较为严格的限制。

---

[1] 参见2010年陈志雄等发表的《世界各国代孕生殖政策探讨》。
[2] 参见2010年陈志雄等发表的《世界各国代孕生殖政策探讨》。

1. 印度对代孕合法性立场的转变

2015年之前,印度对代孕的态度极为宽松。一方面,印度从未禁止过代孕。当时,印度虽然尚无国家层面的代孕立法,但是已有的行政规章和非规范性文件一直允许商业代孕。

2000年由印度医学研究委员会(Indian Council on Medical Research,ICMR)公布的,并于2006年修订的《人类参与生物医学研究之伦理规范》(Ethical Guidelines for Biomedical Research on Human Subjects)(简称2006年Guidelines)虽然无约束力,但是对于代孕的进行具有指导作用,该指导原则承认了代孕行为的有效性,并规定了大量的保护代理孕母的措施。2005年,印度医学研究委员会和印度国家医学研究院(National Academy of Medical Sciences)共同研究制定的《辅助生殖诊所管理准则》(National Guidelines for Accreditation, Supervision and Regulation of ART Clinics in India)(简称2005年Guidelines)是印度当前有效的行政规则,其较全面地规定了代孕合同的签订、代孕费用、代理孕母的限制、代孕儿童的亲子关系等。[1]另一方面,正在起草中的草案规范都允许代孕。印度议会起草的《人工生殖技术规章》(Assisted Reproductive Technologies Bill 2010)(简称Draft Bill)和印度中央政府起草的Assisted Reproductive Technologies Rules 2010(简称Draft Rules)吸收了2005年Guideline的规则,较全面地规定了代孕的各项内容。[2]这些正在拟定的草案和已颁布的指导原则明确反映了印度对代孕的完全开放态度,而且较详细地规定了代孕儿童亲子关系的确定以及代孕中各方

---

[1] 参见2010年陈志雄等发表的"世界各国代孕生殖政策探讨"。

[2] Usha Rengachary Smerdon, "India", in Katarina Trimming and Paul Beaumont (eds.), *International Surrogacy Arrangements-Legal Regulation at the International Legal*, Hart Publishing, 2013, 1st. ed., p. 188.

当事人的权益。

但是，即便印度政府有规范代孕市场的意图，其国内的女性在作为代理孕母时仍会受到较为不公的对待。[1]基于此，印度政府开始转变对代孕合法化的态度。2015年，印度法院针对民众请愿书做出回应，禁止外国公民在印度进行代孕并对代孕进行了一系列严格限制，比如，仅允许有需要的不育的印度夫妇做无偿代孕。[2]及至2018年，印度通过了关于代孕的立法，明文禁止商业代孕，并对代孕当事方进行了一系列较之以往更为严格的限制。例如，仅允许对有指定医院和医生开具不孕证明的有意向的父母进行代孕，每个妇女只能做一次代理孕母，禁止同性恋者在印度进行代孕等。[3]

2. 态度转变之情由

印度对于代孕态度的转变主要系出于保护代理孕母、规范代孕市场的考量。在2015年之前，印度对代孕合法化的肯定及廉价的服务吸引了许多外国有意向的父母到印度进行代孕，虽

---

[1] "印度代孕合法吗？印度法律是如何规定的？"，载https://91xilaibao.com/article-174-1.html，最后访问日期：2020年6月26日。

[2] "All you Need to Know About Completing a Surrogacy in India"，https://surrogate.com/intended-parents/international-surrogacy/surrogacy-in-india/，last visited on June 29, 2020.

[3] 参见"印度代孕合法吗？印度法律是如何规定的？"，载https://91xilaibao.com/article-174-1.html，最后访问日期：2020年6月26日。2015年之前，印度即使对于代孕态度很宽松，但也设置了一系列限制性规定。对于代理孕母，首先，代理孕母的身份。印度要求代理孕母必须是年龄介于21周岁~35周岁的已婚印度妇女，且其进行代孕须取得其配偶的同意。当代理孕母是有意向的父母亲戚时，其与有意向的父母必须是同辈。其次，代理孕母生育次数。代理孕母成功代孕不得超过5次，也不得为同一对夫妻进行配子移植超过3次。最后，代孕中必须对代理孕母进行医学测试。再如，对于有意向的父母，通常规定必须是无法怀孕的已婚夫妻、未婚伴侣或单身者。参见2010年陈志雄等发表的《世界各国代孕生殖政策探讨》。

然印度有相应立法加以规制，[1]但是在实际中代理孕母的权益仍难得到保障。得克萨斯大学奥斯汀分校社会学教授莎米拉·鲁德拉帕在2015年常驻印度一家代孕中介机构Creative Options Trust for Women（COTW）对70位代理孕母和20对有意向的父母进行了观察和访谈，认为代孕是一项女性身体被严重异化的、高度剥削劳动力的工作，不仅对代理孕母的身体进行了压榨，[2]也给她们的心理带来了极大负面情绪。[3]莎米拉·鲁德拉帕教授揭露的这些状况在许多关于印度的新闻报道中也可见一斑。[4]为了应对越来越多关于印度代孕的负面事件，保护印

---

[1] 比如，印度规定了6周的反悔期。即在代孕儿童出生6周之内，代理孕母若想保留代孕儿童的亲子关系，其享有后悔权。印度还规定代孕合同中约定，即使已完成收养手续，委托夫妻给予代理孕母合理补偿，若代理孕母希望保留代孕儿童，其保留代孕儿童之条款仍有效。而且此时有意向的父母只能通过儿童最佳利益申请亲子关系。另外，印度规定的代理孕母的限制条件，多出于对代理孕母身体之保护的目的。例如，进行代孕的次数、代孕前的身体检查等。

[2] 例如，代理孕母需要时刻进行超音波检查；需要注射荷尔蒙以维持生育需求；必要时，她们还要注射氯化钾选择性地堕胎；不少孕母患上了卵巢过度刺激综合征。See Sharmila Rudrappa, *Discounted Life: The Price of Global Surrogacy in India*, NYU Press, 2015.

[3] 除了代理孕母与十月怀胎所产之子无法得见一面之外的压力之外，即使在印度对待代孕态度极为宽松的时候，代理孕母这一"职业"也并不光彩，所以代理孕母还要承受代孕这一污名带来的压力。See Sharmila Rudrappa, *Discounted Life: The Price of Global Surrogacy in India*, NYU Press, 2015.

[4] 根据许多媒体报道，当印度代孕成为一个蓬勃发展的产业时，却没有适当的法规予以监管，印度代孕行业不可避免地出现了不安全和不道德的行为。在2015年印度代孕禁令以前，作为代理孕母的印度妇女遭受了不道德、不人道的待遇。例如，恶劣的生活条件和剥削。为了满足印度以外的跨国代孕委托人的需求，印度代孕机构有效地开办了"婴儿工厂"，印度妇女只能在"婴儿工厂"生活，直到他们生下代孕委托人的孩子。此外，印度代孕妈妈只得到了代孕委托人向代孕机构支付的费用的一小部分，仅补偿5000美元~7000美元。而通常，大多数跨国代孕委托人需要向印度代孕机构支付超过65 000美元。印度代孕妈妈的贫困和缺乏教育使她们一次又一次地进行代孕，指望通过为别人代孕而获得一点经济收益。另一方

度代理孕母的权益,印度政府决定采取措施。印度前外交部长斯瓦拉杰曾表示,为保护印度贫困女性免受剥削,政府将通过一项法案对代孕进行限制。[1]

三、完全允许代孕

完全允许代孕是指无论何种类型的代孕均认定为合法。[2]当前完全允许代孕的国家和地区主要有俄罗斯、乌克兰、格鲁吉亚和美国以加利福尼亚州为代表的部分州。本书将以美国加利福尼亚州为例进行说明。

(一)加利福尼亚州代孕体系的构建

在美国所有的州中,[3]加利福尼亚州(以下简称"加州")是对代孕态度最开放的地区,该州凭借法院的判决和先例,构

(接上页)面,印度糟糕的医疗护理条件和生活环境,还有低下的营养水平使部分印度代理孕母的健康状况逐渐下降。并且,绝大多数印度代理孕母的代孕过程也不能得到自己家人的支持。参见"印度:'世界婴儿工厂'按需'设计'混血儿",载http://www.biodiscover.com/news/event/1311.html,最后访问日期:2020年7月6日;"印度代孕合法吗?印度法律是怎样规定的",载https://91xilaibao.com/article-174-1.html,最后访问日期:2020年7月6日等。

[1] 马丹苹:"德国联邦最高法院承认与执行美国加州代孕儿童亲子关系判决——公共秩序与儿童利益保护之争",载http://mp.weixin.qq.com/s/Vmu47i-nVVV0gVvmvXugUQ,最后访问日期:2020年7月6日。

[2] 此处不代表这些国家或地区对代孕没有限制。

[3] 《美国宪法第十次修订案》规定:"本宪法未授予合众国也未禁止各州行使的权力由各州或人民保留。"基于此条规定,没有联邦立法或规则规制的代孕事项和代孕中亲子关系认定事项由各州自行制定规则进行规制。这种州自主权导致了美国各州关于代孕规则的差异。当前,美国有22个州通过立法,间接或直接地规范代孕问题。另有5个州的上诉法院审理过有关代孕契约合法性或可执行性案件。其余的23个州以及华盛顿特区没有任何针对代孕的立法或者判例法,在这些地区,代孕既未被允许也未被禁止。See Steven H. Snyder, "United State of America", in Katarina Trimming and Paul Beaumont (eds.), *International Surrogacy Arrangements-Legal Regulation at the International Legal*, Hart Publishing, 2013, 1st. ed., p. 387.

建出了一套堪称最开放且最便捷的代孕亲子关系判断系统,并在不断完善的过程中相继出台代孕相关法案和法律,成为当前对代孕态度最开放的地区之一。[1]

1. 代孕相关的判例法

加州高等法院有丰富的关于代孕纠纷的判例。美国首例确认代孕合同有效的判例"卡尔弗特诉约翰逊案"就是由加州高等法院在1993年做出的。[2]该案中,代理孕母约翰逊和有意向的父母卡尔弗特夫妇就代孕儿童的归属产生了纠纷。约翰逊称代孕中将代理孕母视为被使役的对象,是对妇女的剥削,违背人道精神,并以代孕合同违背公共政策,请求判决代孕合同无效。该案最终诉至加州高等法院。加州高等法院明确了双方同意下的代孕合同的有效性,认定双方签署的代孕合同内容有效,并不违背社会公共利益。法院在阐述社会公共利益的原理时指出,从未出生的胎儿利益角度考虑,社会公序良俗决定法律禁止胎儿的父母在胎儿未出生前就作出放弃抚养的决定。同样,在孩子出生后,为了保护孩子的利益,孩子不应该成为买卖的

---

[1] 加利福尼亚州立法明文规定允许商业代孕和妊娠型代孕。对于基因型代孕,其法律虽然没有明确规定,但是在实践中也是允许的。只是由此产生的不确定性以及基因型代孕带来的代理孕母与代孕儿童情感上的难以割舍,使得这种代孕形式成了加州最少见的形式。See "California Surrogacy Process, What You Need to Know to Get Started", https://surrogate.com/surrogacy-by-state/california-surrogacy-ca-surrogacy-process, last visited on June 29, 2020.

[2] 5 Cal. 4th 84 (1993), 851 P. 2d 776, 19 Cal. Rptr. 2d 494. 该案案情如下:妇女安妮·约翰逊接受马克·卡尔弗特夫妇的委托用该夫妇提供的精子和卵子为他们代孕生育。双方签署了代孕协议。根据协议,该夫妇支付代理孕母1万美元并为其购买人身保险,代理孕母所生的孩子是该夫妇的孩子,代理孕母不得主张权利。在安妮·约翰逊怀孕期间,因为费用问题,其和卡尔弗特夫妇产生矛盾,她声称作为孩子的生母,她不会将孩子交给该夫妇。该夫妇于是将安妮·约翰逊告上法庭,要求其按照合同履行协议,将孩子交给他们监护。See A. Grubb, "Surrogate Contract, Parentage: Johnson v. Calvert", *2 Medical Law Review*, 233 (1994), pp. 239~244.

对象，收养法也禁止以物质利益为诱饵诱使他人同意送养。但是，本案中，卡尔弗特夫妇并没有在孩子出生前就放弃为人父母的责任。实际情况是，他们一直在为孩子的出生而努力，他们决心抚养由约翰逊所生的孩子并在孩子出生后积极争取监护权，他们因此并未违背公序良俗。在阐释代孕合同和代孕行为是否违背社会利益公序良俗时，法官认为，法律禁止对人的非自愿强迫使役（involuntary servitude），但是并不禁止自愿性质的使役（voluntary servitude）。本案中，双方自愿签署代孕合同，法院并没有发现任何能够说明代孕人被强迫怀孕生育的证据。这表明，代理孕母自愿为代孕委托夫妇怀孕生育，不存在强迫使役人口的问题。卡尔弗特夫妇支付给约翰逊的费用是对其劳动的补偿，代孕合同有效。

在此著名案例之后，加州法院又审理了若干夫妻寻求代孕而产生的纠纷案件。这些案件中比较有影响的是1994年的"莫斯科塔案"[1]和1998年的"布桑卡案"[2]。通过这些案件，加州表明了对代孕的态度，即有意向的父母和代理孕母在代孕合同中表现的合意将被法院认可。

2. 代孕相关成文法

2013年1月1日，由加州议会一致通过，加州州长杰瑞·布朗签署的关于代孕的《加州议会1217法案》（California Assembly Bill 1217）生效。[3]此法案后面也经历了一系列的完善，对代孕整个流程中的事项进行了较全面的规定，包括对辅助生

---

[1] 25 Cal. App. 4th 1218 (1994).

[2] 61 Cal. App. 4th 1410 (1998).

[3] 该法案被纳入《加州家事法典》（California Family Code）。See California Family Code Sections 7960 *et seq*.

殖协议、代理孕母、妊娠载体等与代孕相关概念的界定;[1]对代孕中涉及金钱的处理[2]以及对代孕合同内容的要求[3]等各方面进行了较完备的规定。另外,加州还对其亲子关系相关法律进行了修订,其中也涉及代孕中亲子关系的认定问题。[4]

总之,加州通过判例法和成文法构建起了完全允许代孕立场下,对代孕一系列问题进行法律规制的极为完善和系统的框架,而加州如此做法也有其背后之情由。

(二) 加州完全允许代孕之情由

加州对代孕合法化开放态度背后的考量从"卡尔弗特诉约翰逊案""莫斯科塔案"以及"布桑卡案"[5]的判决即可见一斑,简言之即加州的立法和司法机关认为,承认代孕行为的合法性是本州公共秩序的要求。具体而言,有三点考量:

第一,准许代理孕母改善自身经济状况。该州法律认为,女性有权通过商业代孕的方式,获取对方提供的经济报酬以提高生活水平。国家如果横加干涉甚至禁止这种行为,则属对私人财产权利的侵犯。

第二,尊重当事人选择生育方式的权利。美国加利福尼亚州法律认为,生育是每个自然人的基础性人权。一些人虽然由于生理方面的缺陷不能以传统、自然的方式繁衍后代,但随着现代生物学的发展,人工生殖技术已经可以满足其生养后代的

---

[1] See Cal. Fam. Law § 7960 (2016).

[2] 《加州家事法典》规定了涉及资金的保管方式,如由第三方独立托管公司管理、律师维护的信托账户等。See Cal. Fam. Law § 7961 (2015).

[3] 根据《加州家事法典》,代孕合同需要约定合同签订的日期、配子的捐赠者、有意向的父母的身份等等内容。See Cal. Fam. Law § 7962 (2016).

[4] See 2013 Legis. Bill Hist. CA A. B. 2344, 2015 Legis. Bill Hist. CA A. B. 960, 2015 Legis. Bill Hist. CA A. B. 1049 and 2015 Legis. Bill Hist. CA A. B. 2349.

[5] 61 Cal. App. 4th 1410 (1998).

愿望。对此，法律应当予以保护，否则便会沦为因自然人生理上的缺陷而剥夺其基本人权的"恶法"。

第三，保护儿童利益。婴儿的存活与健康成长离不开成人稳定、细致的照顾，尤其是对以代孕方式而出生的婴儿来说更是如此。为其最佳利益考虑，法律应尽快为代孕婴儿确定父母，如此才能明确照顾义务的承担者。[1]

第二节 代孕合法化的理论之争

上述关于代孕合法化的不同实践背后都有其不同的理论考量。禁止代孕的理论基础是人性尊严的维护和公共政策的运用，允许代孕的理论基础则是当事人基本权利的行使。[2]

一、禁止之理论：人性尊严和公共政策

虽然上述三个国家对于如何禁止代孕的具体规定不尽相同，但是这些国家都完全禁止代孕，而且这种立场背后的理论考量也有相似之处。

（一）人性尊严的保护

人性尊严（human dignity）一词是《德国基本法》的用语，但笔者认为其可以作为禁止代孕的普遍理由。完全禁止代孕的国家站在代理孕母和代孕儿童的立场，认为代孕有损他们的人性尊严，从而禁止代孕。《德国基本法》第1条第1款规定："人性

---

[1] See 5 Cal. 4th 84 (1993), 25 Cal. App. 4th 1218 (1994) and 61 Cal. App. 4th 1410 (1998).
[2] 允许无偿代孕，禁止商业代孕的国家往往是对代孕进行区分后适用这些理论。因此，在这一部分笔者将不对这一折中情形重复进行理论分析。

尊严不可侵害，对其尊重与保护是所有国家机关之义务。"[1]受基督教思想和康德哲学思想的影响，人性尊严这一概念具有浓厚的价值色彩，难以定义。德国联邦宪法法院曾从反面对其进行界定，即所谓的"客体公式"——当个人被纯粹当作国家行为的客体时，就抵触了人性尊严。关于人性尊严的本质，有学者尝试将其描述为：第一，人本身即是目的。康德之人性观即将人当作目的，认为"人是由一个一个独立的个体组成的。人的优越之处，不仅在于人的智慧之独一无二性，不仅在于人有思维能力，也不仅在于人可与劳动。更重要的还在于，对于人来说，个别与一般的关系，不是像别的事物那样，'类'就其共性而言，可以代替个别事物，可以代表个别事务中的本质部分。对人来说，个体的人虽可以包含人类的共性，但个体的人，不论就其个性，或就其本质而言，永远都是不可替代的，不可化约的。这就是说，在宇宙万物中，唯有人，个体的人，其本性和本质是绝对独立的、绝对自由的"。第二，自治与自决是宪法人性尊严的核心内涵。自治与自决与"个人本身即为目的"这一概念互为表里。其中"自决"即自己决定权，个人与社会团体就其自我地位又自治形成之权利，因为每个人都应有机会依据自己的意思决定自己的未来，决定追求幸福的方向。[2]代孕中涉及代理孕母与胎儿人性尊严的保护。

1. 代理孕母的人性尊严

禁止代孕的理由之一即代孕损害了代理孕母的人性尊严。这种损害主要体现在两方面：

一方面，在代孕中，代理孕母的生育自由不可避免地会受

---

[1] 参见《德国基本法》第1条第1款。
[2] 李震山：《人性尊严与人权保障》，元照出版社2001年版，第8页。

到有意向的父母的干预,这是对代理孕母人性尊严在生育自由上的贬损。女性主义者提倡女性身体自主权,即"人操纵自己的权力,如果人被剥夺此种权利,即是被剥夺作为人的资格,丧失作为人的属性。对女性而言,性及生育行为的控制是女性性别的最佳指标……没有自由控制自己的身体,女性其他的自由都是空谈"。[1]在代孕中,代理孕母从怀孕前的各种检查到怀孕期间的行为等,都不可避免地会受到有意向的父母的干预。

另一方面,代孕尤其是商业代孕加剧了性别的不平等。从女权主义观点来看,商业代孕加剧性别的不平等体现在三方面:第一,商业代孕为"接近和控制女性的身体"提供了便利。代孕过程中通常对妇女怀孕期间的生活方式实施有效控制;需要提交各种测试,并在某些情形下,如代理孕母有一个不好的羊膜穿刺术的结果或怀了多胞胎时,还要为流产做准备。女权主义者关注的不是合同"控制他人的身体",而是被控制的身体"属于妇女——这个在社会上历史中曾处于男性地位之下的群体。而且这种控制主要控制妇女的性行为和生殖自由"。第二,商业代孕加剧了"妇女是'生殖工具'这一陈旧的论调"。第三,这些安排导致了一种风险,即"母亲身份依据基因物质界定"。这一问题经常出现在法院对亲子关系的裁定和评论中,这一观点未将女性独特的妊娠能力算作对儿童出生的贡献,而只是强化了"女性仅是男性种子的培育皿这一刻板印象"。[2]

2. 代孕儿童的人性尊严

代孕有损代孕儿童的人性尊严也体现在两方面:

---

[1] 李素桢:"台湾女性的生育自主权之问题与权利分析",载《应用伦理研究通讯》2004年第31期。

[2] D. Satz, *Why Some Things Should Not be for Sale: The Moral Limits of Markets*, Oxford University Press, 2012, pp. 128~131.

一方面，代孕合同以代孕儿童为标的，涉嫌买卖儿童。根据德国宪法法院于1975年做出的堕胎判决可以看出，即使是未出生的生命，同样受到人性尊严的保护。在1993年5月28日的判决中，联邦宪法法院再次确认"宪法上所保护的人类生命，包括未出生者"。因此，即使代孕合同发生于代孕儿童出生之前，其仍有以人类生命为合同标的之嫌疑，尤其是在商业代孕中，有人认为其甚至涉及买卖儿童。

《儿童权利公约》中《关于买卖儿童、儿童卖淫和儿童色情制品问题的任择议定书》（以下简称《买卖儿童任意议定书》）对买卖儿童进行了界定，即买卖儿童系指任何人或群体为了报酬或出于其他考虑将儿童转让给另一个人的任何行为或交易。[1]从文义上解释，商业代孕中涉及的"转让""报酬""考虑"等与买卖儿童的界定一致。

另一方面，代孕儿童与代理孕母的分离损害代孕儿童的利益。代孕中，从精子与卵子的结合到代孕儿童亲子关系的转移过程均有损害代孕儿童的人性尊严之嫌。《儿童权利公约》第3条要求儿童利益最大化原则是涉及儿童的事项中的首要考虑因素。[2]第6条第2款进一步授予儿童生存和发展的权利，包括

---

[1] 参见《买卖儿童任意议定书》第2条第a项。
[2] 《儿童权利公约》第3条规定："1. 涉及儿童的一切行为，不论是由公立或私立社会福利机构、法院、行政当局或立法机构执行，均应以儿童的最大利益为一种首要考虑。2. 缔约国应承担确保儿童享有其幸福所必需的保护和照顾，考虑其父母、法定监护人，或任何对其负有法律责任的个人的权利和义务，并为此采取一切适当的立法和行政措施。3. 缔约国应确保负责照料或保护儿童的机构、服务部门及设施符合主管当局规定的标准，尤其是安全、卫生、工作人员数目和资格以及有效监督等方面的标准。"

他们的身体、心理、社会以及情感的发展。[1]在代孕中,有观点认为将儿童与她/他的妊娠母亲分离不利于儿童的发展,因此违背了他们的利益。

(二) 公共政策

保护人性尊严与违背公共政策其实是一体两面,人性尊严是公共政策的内在内容,而公共政策则是保护人性尊严的方式。完全禁止代孕的国家采用"违反本国公共政策"等说法而认定代孕无效。具体而言,对于代孕中的公共政策,法国最高法院给出了经典的解读。1991年法国最高法院审理了一个国内代孕案件。在该案中,法国最高法院判决任何代孕合同,即使是无偿的,也会违背两个公共政策原则。

第一,人不能成为私人合同的客体(l'indisponibilité du corps humain's)。这一原则认为人不是类型物(a standard thing),不能受传统合同法和意思自治的约束。在代孕情形下,代理孕母和代孕儿童的人身受合同的约束,这使得代孕有儿童买卖和非法收养之嫌。

第二,人的法律地位不能成为私人合同的客体(l'indisponibilité dé l'état des personnes')。对于法国立法体系而言,这一原则比第一个原则更特殊。在法国,对于公民身份的确定极为重视,其相关立法是从国家层面来制定的。早在1529年,弗朗索瓦一世时期,即开始出生登记。在那个时期,公民身份的法律如同国家行政一样以最高的标准得以发展。法定身份的记录包含出生、姓名、结婚、离婚和死亡等信息。这一公民身份的记录由专门的机关保管,记录的信息可能来源于事实、法律适用、

---

[1]《儿童权利公约》第6条第2款规定:"缔约国应最大限度地确保儿童的生存与发展。"

判决或行政决策，但绝不可能因为私人合同而更改。[1]

二、允许之理论：个人基本权利保护

无论是允许无偿代孕还是允许商业代孕，其理论基础都是基于个人基本权利的保护，包括有意向的父母的基本权利和代理孕母的基本权利。

（一）有意向的父母的基本权利保护

支持代孕合法化的一方的主要观点在于保护有意向的父母的基本权利。这些权利主要包括：生殖健康权（the right to reproductive health）[2]、组建家庭权（the right to found a family）以及隐私权（the right to respect for privacy and family life）[3]。当同性夫妻和单身主义者被禁止进行代孕而异性夫妻可以进行代孕时，还涉及《公民权利与政治权利国际公约》的第2条[4]和

---

[1] Louis Perreau-Saussine and Nicolas Sauvage, "France", in Katarina Trimming and Paul Beaumont (eds.), *International Surrogacy Arrangements-Legal Regulation at the International Legal*, Hart Publishing, 2013, 1st. ed., pp. 120~121.

[2] 但是，对有意向的父母是否能基于这一权利而进行代孕的争议比较大，即无法生育的有意向的母亲利用她的生殖健康权谋求另一个女性生育的能力是否合法。See John Tobin, "To Prohibit or Permit: What is the (Human) Rights response to the Practice of International Commercial Surrogacy?", 63 (2) I.C.L.Q., 317~352 (2014), p. 323.

[3] 《公民权利与政治权利国际公约》第17条规定了此项权利："一、任何人的私生活、家庭、住宅或通信不得加以任意或非法干涉，他的荣誉和名誉不得加以非法攻击。二、人人有权享受法律保护，以免受这种干涉或攻击。"

[4] 《公民权利与政治权利国际公约》第2条第1款规定："本公约每一缔约国承担尊重和保证在其领土内和受其管辖的一切个人享有本公约所承认的权利，不分种族、肤色、性别、语言、宗教、政治或其他见解、国籍或社会出身、财产、出生或其他身份等任何区别。"

第 26 条[1]规定的不受歧视的权利。[2]具体而言：

第一，生殖健康权主要是关心女性的生殖健康以及确保他们获得性和生殖健康教育、健康孕育儿童的信息以及拥有健康性生活的一种权利。

第二，组建家庭权中的"家庭"，不局限于国际法下传统的基本家庭，而应当扩展到当前可能作为先进的人工生殖技术的结果的现代家庭。[3]就此而言，代孕是组建家庭权的一种实现方式。

第三，以隐私权作为有意向的父母进行代孕的依据在之前并未被接受。但欧洲人权法院最近的一个判决为这一命题提供了支撑。法院重申了"私生活"这一概念，认为"私生活的概念……是一个很宽泛的概念，尤其包括与他人建立和发展关系的权利"。[4]法院进一步宣称其包含"尊重要小孩或不要小孩的决定的权利"[5]，并且"夫妻生育小孩以及为这一生育目的而采取医疗手段的权利也应受'隐私权'的保护。这一选择是

---

[1]《公民权利与政治权利国际公约》第 26 条规定："所有的人在法律前平等，并有权受法律的平等保护，无所歧视。在这方面，法律应禁止任何歧视并保证所有的人得到平等的和有效的保护，以免受基于种族、肤色、性别、语言、宗教、政治或其他见解、国籍或社会出身、财产、出生或其他身份等任何理由的歧视。"

[2] John Tobin and R. McNair, "Public International Law and the Regulation of Private Spaces: Does the Convention on the Rights of the Child Impose an Obligation on States to Allow Gay and Lesbian Couples to Adopt?", 23 IJLPF 110 (2009).

[3] 例如，儿童权利委员会指出："考虑到公约提出的家庭环境概念，在当前出现了各种文化结构和新兴家庭关系下的不同家庭结构，特指出本公约指的是广义的家庭，即本公约既适用于基本的家庭、父母分居的家庭、单亲家庭、普通法家庭和收养家庭情形。" See John Tobin, "To Prohibit or Permit What is the (Human) Rights Response to the Practice of International Commercial Surrogacy", 63 (2) I. C. L. Q. 317~352 (2014), p. 323.

[4] SH and Others v. Austria (2011) 3 Eur Court HR.

[5] SH and Others v. Austria (2011) 3 Eur Court HR.

私生活和家庭生活的一种表述"。[1]尽管这些判决附带意见是关于怀孕而不是代孕的,但是这一基本的逻辑可以扩展到反映有意向的父母和代理孕母发展一种私人关系的双方同意之意愿的代孕中。双方建立这一关系的目的是创造和拥有一个儿童的事实在评论是否这一关系受隐私权保护时可能是不重要的,因为根据基本的自由原则,只要没有对他人造成任何伤害,自愿的人应该可以自由地发展任何一种关系。[2]

(二)代理孕母的个人自主权

传统伦理认为人的身体组织的构成部分不得转让,因此传统民法理论认为身体权并不包括对身体组织的支配权。但是,现代医学的发展推动了伦理观念的变化,也为身体权注入了新的内容。目前实行的人体器官、组织移植,无论捐献或获得补偿,都是公民行使身体权,将自身器官或组织转让给他人的行为。使用自己的身体为他人代孕,与使用自己的身体(分泌系统和乳房乳水)喂养他人的孩子、施救时用嘴(肺活力)为他人做人工呼吸、用器官和身体表演以抚慰他人等行为并无本质区别,都是公民支配自己身体的有权行为。

第三节 涉外情境下代孕合法化的理性分析

跨国代孕合法性分析即指在跨国代孕中涉及一系列国际私法问题时,对于各国国内法关于代孕的立场差异应持何种态度。

---

[1] SH and Others v Austria (2011) 3 Eur Court HR.
[2] John Tobin, "To Prohibit or Permit: What is the (Human) Rights Response to the Practice of International Commercial Surrogacy?", 63 (2) I. C. L. Q. 317~352 (2014), p. 324.

当前不同国家对待代孕合法与否的立场差异极大，跨国代孕的许多问题均基于此种差异产生，但跨国代孕又不同于国内代孕，跨国代孕关系中需要以不同国内代孕的角度来考虑问题。因此，对于跨国代孕这种具有涉外性的代孕情形，在了解各国国内法对代孕合法性规定的同时，也应当站在国际私法甚至更高的层面对代孕的合法性进行理解。

一、公共政策下的跨国代孕

根据上文可知，禁止代孕的国家或地区往往以公共政策为阀门，否定代孕合同的效力或者拒绝承认代孕儿童与有意向的父母之间的亲子关系判决。对此，笔者认为，对于国内代孕，这一做法无可厚非，但是对于跨国代孕，应当区分国际公共政策、国际私法中的公共政策与国内公共政策这一组概念，进而从国际私法的层面看待代孕问题的合法性。

对于公共政策并无确切的界定，但往往认为公共政策要考虑一般公共利益（general public interest）和社会福祉（good of community）。[1]而根据不同维度下的一般公共利益和社会福祉，有国内公共政策、国际私法中的公共政策以及国际公共政策三个概念。其中，"国内公共政策是指各主权国家在内部的、私的法律关系中存在的公共政策；国际私法上的公共政策是指各个主权国家就其国际的、私的法律关系总体的公共政策；国际公共政策是指超国家的、国家间的公共政策，是不以国家主权为区隔、不以国家领域疆界及国家司法管辖互相排斥的公共政策"。[2]

---

〔1〕 参见薛波主编：《元照英美法词典》，法律出版社2003年版，第1117页。
〔2〕 高晓力：《国际私法上公共政策的运用》，中国民主法制出版社2008年版，第35~38页。

（一）国际私法公共政策下的跨国代孕

每个国家在司法实践中都会有两种公共政策的考虑：对于纯国内民商事案件，考虑国内公共政策；对于涉外民商事案件，考虑国际私法上的公共政策。有一个经典例证对这一组概念进行区分：甲国虽然采取一夫一妻制，但甲国容许在乙国一夫多妻制下合法缔结婚姻的一男二女同居于甲国境内，且对该婚姻加以尊重，该乙国男女如果在甲国法院请求认定重婚，甲国法院将不予以支持。[1]在代孕的合法性问题上亦应如此，跨国代孕不同于国内代孕，不能依据国内公共政策一味进行否定，而应当从国际私法公共政策的角度看待。

（二）国际公共政策下的跨国代孕

不同于国内公共政策，也不同于国际私法中的公共政策，在国际公共政策理念下，"一国法院不仅要关注本国的公共政策，同时还要关注外国的公共政策，要对本国和外国的重要价值或利益进行综合考量，公共政策的意义不再是排他性的原则，不再是国际私法上传统国家本位的原则，而是通行于各国之间的真正国际性的公共政策"，[2]"国际公共政策是持国际主义的理想法学者所期待的，希冀形成世界性的或真正的国际公共政策，作为人类社会的共同政策"。[3]简言之，国际公共政策蕴含着人类社会统一的价值理念。

而在跨国代孕中，恰存在一组几乎得到全球公认的价值理念——儿童利益最大化原则。为维护弱者利益，在家庭法领域，

---

[1] 高晓力：《国际私法上公共政策的运用》，中国民主法制出版社2008年版，第35页。

[2] 高晓力：《国际私法上公共政策的运用》，中国民主法制出版社2008年版，第38页。

[3] 柯泽东：《国际私法》，中国政法大学出版社2003年版，第124~128页。

儿童利益最大化原则逐渐为各国普遍接受，成为联合国《儿童权利公约》的一项基本原则。因此，从国际公共政策的角度来看，不能一味地以代孕违背国内公共政策而否定代孕行为后的一系列法律成果。

此观点在德国联邦最高法院裁定的一起代孕案件中得到了极好的诠释。[1]2014年12月10号，德国联邦最高法院承认了美国法院做出的认定德国有意向的父母与代孕儿童之间合法亲子关系的判决。该裁定表明，为保证国际的和谐，避免跛脚亲子关系，公共秩序保留应当作限制性解释，国内法的不同并不必然导致对一国国内公共秩序的违背。虽然德国联邦最高法院做出此裁定与该案件中代理孕母与代孕儿童没有基因联系，且有意向的父母中的一位与代孕儿童有基因联系有很大关系。但从其说理部分体现出来的逻辑，我们仍可以明显看出法官所表达的，在跨国代孕中涉及儿童接收国和儿童出生国代孕合法性立场不一致时，不能仅仅以国内禁止代孕为由否认此跨国代孕的有效性。[2]

---

[1] 该案中，有意向的父母是一对惯常居所及国籍都是德国的同性恋人，在美国加州，这对同性伴侣用其中一人的精子与捐献者的卵子进行代孕。在代孕儿童出生之前，他们向德国驻旧金山总领事馆确认了其与即将出生的代孕儿童的亲子关系，同时也获得了美国加州普莱瑟县高等法院承认其为代孕儿童法定父亲的判决。但当他们带着代孕儿童回到德国进行身份登记时，却被德国相关民事登记机关拒绝。他们就该相关民事机构的做法提起诉讼，向法院请求，要求民事机构进行登记，被法院驳回诉求。该有意向的父母遂向德国联邦最高法院提起上诉，要求德国联邦最高法院确认其与代孕儿童之间的亲子关系。德国联邦最高法院作出裁决，认为不能以违反公共政策为由拒绝承认美国的判决，并命令民事登记机构登记代孕儿童的出生并声明上诉人（也就是该次代孕中有意向的父母）为代孕儿童的合法父母。See No. XII ZB 463/13.

[2] See No. XII ZB 463/13.

二、人权视角下的人性尊严

在追求经济高速发展和物质高度繁荣的当下，对"人"的关注和保护逐渐成为当今法律最为重要的价值追求，国际私法中对人权的关注也日益加重。[1]在代孕中亦是如此，但是对于代孕中各方当事人人权的体现却见仁见智。那么，能否以辩证的思维思考在跨国代孕语境下，对各国代孕合法化立场的不同态度，进而求同存异？

（一）代理孕母的权利

根据上文的总结，两个理由通常被用来说明禁止代孕是正当的：第一，代孕具有剥削性；第二，代孕将女性的生殖系统商品化，因此具有性别的不平等性。

1. 利用代理孕母之辩思

相较于《儿童权利公约》第34条[2]为禁止一切剥削儿童的行为而强制规定国家责任的做法，《消除对妇女一切形式歧视的公约》第6条[3]的规定没有特别禁止对妇女的剥削。[4]因此，在因为代孕是（或者可能是）对妇女的利用而禁止代孕的

---

[1] 黄志慧：《人权保护对欧盟国际私法的影响》，法律出版社2018年版，第4页。

[2] 《儿童权利公约》第34条规定："1. 缔约国认识到儿童有权受到保护，以免受到经济剥削和从事任何可能障碍或影响儿童教育或有害儿童健康或身体、心理、精神、道德或社会发展的工作。2. 缔约国应采取立法、行政、社会和教育措施确保本条得到执行。为此目的，并鉴于其他国际文书的有关规定，缔约国尤应：（a）规定受雇的最低年龄；（b）规定有关工作时间和条件的适当规则；（c）规定适当的惩罚或其他制裁措施以确保本条得到有效执行。"

[3] 《消除对妇女一切形式歧视的公约》第6条规定："缔约各国应采取一切适当措施，包括制定法律，以禁止一切形式贩卖妇女和强迫妇女卖淫对她们进行剥削的行为。"

[4] John Tobin, "To Prohibit or Permit: What is the (Human) Rights Response to the Practice of International Commercial Surrogacy?", 63 (2) I. C. L. Q. 317~352 (2014), p. 345.

国家,这一做法会干预有意向的父母的权利。因此,需要依据公共道德(public morality)来证明这种做法的正当性。[1]这也加强了一些人的疑问——代孕必然存在对妇女的剥削吗?

比如,代孕中对妇女的剥削很重要的一点体现在同工不同酬。以美国和印度这两个代孕大国为例,印度进入代孕市场的代理孕母大多都具有底层社会经济背景,并且她们通过服务得到的报酬远低于美国的代理孕母。此种薪酬的差异引起了许多道德上的谴责,即在提供了相同"服务"和转移了相同"产品"的情形下,印度妇女不应当被少支付薪酬。而这种谴责成了禁止代孕的支持力量。然而,依据此逻辑,发展中国家的许多行为都会因为存在剥削而需要被禁止,因为发展中国家的薪酬普遍低于发达国家。事实上,许多在发展中国家的妇女在跨国代孕中得到的报酬远超过当地工资,并且发展中国家为这些妇女及其家庭提供了重要的财政支持。而在当今社会,经济收入对一个人发展的重要性不言而喻。那么,代孕就应该合法吗?莎米拉·鲁德拉帕教授在其著作中提到了印度代理孕母对待代孕的一种"分裂"状态:印度的代理孕母认为"代孕是一件给予她们力量和生命意义的事业,她们一方面对'出租子宫'这一行为表现出异常的冷静和经济理性,但另一方面又缠绕于这一工作给她们带来的污名与负面情绪之中"。[2]也正是出于保护

---

[1] 对于公共道德,锡拉库萨的原则认为,公共道德会随着时间从一种文化变化为另一种文化。当一国运用自由裁量权,以公共道德作为限制人权的理由时,其必须证明这种限制是为维护社会基本价值而必要的。在这种背景下,保护女性免于剥削将被认为是对女性的保护与开发,可以被认为是社会的基本价值。See John Tobin, "To Prohibit or Permit: What is the (Human) Rights Response to the Practice of International Commercial Surrogacy?", 63 (2) I. C. L. Q. 317~352 (2014), p. 346.

[2] See Sharmila Rudrappa, *Discounted Life: The Price of Global Surrogacy in India*, NYU Press, 2015.

代理孕母的考虑，印度已经由一个代孕旅游大国转变为对代孕进行较严限制的国家。[1]

再比如，有证据表明代孕的过程中存在许多问题。其中，代理孕母可能并未充分了解她们在代孕合同下的权利或义务。例如，有报道所称的缺乏中立的建议或没有为代理孕母翻译（她们通常是文盲）。[2]在这种情况下，代理孕母的同意有时只不过是一份由她不理解的语言所起草的合同上的一个手印，不能作任何担保。在这种情形下，我们很难看出代理孕母同意代孕的行为是自由的，且是在被充分告知的情形下作出的。对此，代孕的支持者认为，剥削的风险可以通过监管来减少。[3]在理论上，监管可能会解决剥削的风险。然而，在实践中，发展中国家是否有能力建立和有效执行必要的监管框架也是一个问题。根据跨国收养领域的经验，许多发展中国家无法有效地规范跨国收养。事实是，为确保妇女是自由的，且是在被充分告知情形下作出同意代孕的决定的措施需要大量资源的投入来确保其有效性，有些国家可能不会拥有这些资源和/或可能对于使用这些资源存在阻挠因素。因此，尽管国际商业代孕本身可能不存在剥削，但在缺乏证据证明存在有效的机制来确保代理孕母的同意是在自由和充分了解后作出时，国家仍有合理的理由拒绝承认这些安排。

可见，在代孕合法性问题上，不同国家之间的不同立场各

---

[1] 参见本章第一节关于印度对待代孕立场的介绍。

[2] Permanent Bureau of the Hague Conference of Private International Law, *A Preliminary Report on the Issues Arising from the International Surrogacy Arrangment*, Prel. Doc. No 10 of March 2012, p. 12.

[3] C. Humbyrd, "Fair Trade International Surrogacy", *9 Developing World Bioethics*111 (2009).

有合理之处；不同国家在不同时期的态度也有其背后的正当利益考量。

2. 性别歧视加剧之辩思

禁止代孕的观点认为代孕将导致性别歧视的加剧。支持代孕的人反而认为代孕可以增强女性力量。[1]另外，考察代理孕母代孕的动机，许多作为代理孕母的女性对她们的代孕行为并不感到后悔。对于代孕的动机，代理孕母通常会基于自我实现的目的进行代孕。例如，美国的拉贡和英国的杰瓦都曾做过代孕的实证研究。在代理孕母代孕动机的调查中，两者得出了相似的结论，即代孕的动机受多种因素的影响，除金钱外，不乏人性化的动机，如为帮助不孕夫妻、为体验怀孕带来的快乐和自我实现，以及借此让自己从以前堕胎的罪恶中获得救赎等。[2]而且，支持代孕的群体还提出通过监管的方法可以解决对剥削的担忧。

结合前文关于这一问题的禁止代孕的回答，可以看出，对于这一问题，两种立场的观点形成了拉锯战般的僵持。对此，笔者同意一些学者的意见，即对于这一问题上的两种观点，哪种个观点更有说服力不需要在这里解决，因为现实情况是，公共政策对性别歧视的判定是有足够的防御力的，因为国家的自由裁量可以基于公共政策禁止商业代孕。[3]

---

[1] 那些反对代孕的观点反而与主张男女平等者的观点不一致，因为禁止代孕即禁止妇女根据自己的意志使用自己身体的自由。K. Simmons, "Reforming the Surrogacy Laws of Australia: Some Thoughts, Considerations and Alternatives", 11 FJLR 97~139 (2009), p.121.

[2] 参见 2010 年陈志雄等发表的《世界各国代孕生殖政策探讨》。

[3] John Tobin, "To Prohibit or Permit: What is the (Human) Rights Response to the Practice of International Commercial Surrogacy?", 63 (2) I. C. L. Q. 317~352 (2014), p.348.

(二) 代孕儿童的视角

《儿童权利公约》第 3 条要求儿童最大利益是关于他们的事项中的首要考虑因素。[1]第 6 条第 2 款进一步授予儿童生存和发展的权利,包括他们的身体、心理、社会以及情感的发展。[2]

1. 儿童的发展权

在代孕中,有一种假设性的观点,即将儿童与她/他的妊娠母亲分开不利于儿童的发展,违背了儿童的利益。然而,证据被要求能在欲证明的目的和采取的实现这一目的的方式之间建立一种合理的联系。因此,必须存在证据证明,代孕对儿童的发展造成了不利影响,从而得出代孕违背了《儿童权利公约》第 3 条和第 6 条第 2 款,进而得出禁止代孕具有正当性这一结论。[3]

然而,已有的少数研究表明,代孕对儿童的发展是没有害的。[4]虽然这些研究的结论是具有限制性的:第一,调研的样

---

[1] 《儿童权利公约》第 3 条规定:"1. 涉及儿童的一切行为,不论是由公立或私立社会福利机构、法院、行政当局或立法机构执行,均应以儿童的最大利益为一种首要考虑。2. 缔约国应承担确保儿童享有其幸福所必需的保护和照顾,考虑其父母、法定监护人或任何对其负有法律责任的个人的权利和义务,并为此采取一切适当的立法和行政措施。3. 缔约国应确保负责照料或保护儿童的机构、服务部门及设施符合主管当局规定的标准,尤其是安全、卫生、工作人员数目和资格以及有效监督等方面的标准。"

[2] 《儿童权利公约》第 6 条第 2 款规定:"缔约国应最大限度地确保儿童的生存与发展。"

[3] John Tobin, *To Prohibit or Permit: What is the (Human) Rights response to the Practice of International commercial surrogacy?*, 63 (2) I. C. L. Q. 317–352 (2014), p. 332.

[4] 例如,S. Golombok 自 2004 年起即关注这一问题。在其调查结论中,其认为与代理孕母的分离不会对代孕儿童产生不好的影响。See S. Golombok et al., "Families Created through Surrogacy Arrangements: Parent-Child Relationships in the 1st Year of Life", 40 *Developmental Psychology* 400 (2004); S. Golombok et al., "Non-Genetic and

本是调研者自我选择的,并不完全具有随机性,这些样本更可能报告出积极的结果;第二,这些调研局限于非商业代孕,因此无法处理将儿童商品化,甚至潜在的儿童买卖对儿童发展的影响问题;第三,这些调研局限于国内安排,因此,没有调查跨国代孕下出生的儿童的状况。第四,这些研究被局限于年纪较小的儿童,他们尚不足够成熟到了解他们的出生引起的争议,而这一点正是可能影响他们以后发展的重要事实。所以,笔者认为,这些结论虽不能有力证明代孕不会影响代孕儿童的发展,但仍从实证主义的角度对以与代理孕母分离损害儿童利益为由反对代孕提出了明确的反驳证据,证明了其结论的非绝对性,也就是代孕并不必然影响代孕儿童的发展。

2. 儿童的受保护权

代孕儿童的受保护权至少有三种——禁止歧视、防止一切形式的暴力和虐待以及禁止儿童买卖。[1]

对于禁止歧视,《儿童权利公约》第 2 条[2]要求国家保护

(接上页) Non-Gestational Parenthood: Consequences for Parent-Child Relationships and the Psychological Well-Being of Mothers, Fathers and Children at Age 3", 21 *Human Reproduction* 1918 (2006); "S. Golombok, Surrogacy Families: Parental Functioning, Parent-Child Relationships and Children's Psychological Development at Age 2", 47 *Journal of Child Psychology and Psychiatry* 213 (2006); S. Golombok et al., "Families Created Through Surrogacy: Mother-Child Relationships and Children's Psychological Adjustment at Age 7", 47 *Developmental Psychology* 1579 (2011). 又如学者杰瓦,其调研亦得出相同结论。See V. Jadva et al., "Surrogacy Families 10 Years On: Relationship with the Surrogate, Decisions over Disclosure and Children's Understanding of their Surrogacy Origins", 27 *Human Reproductions* 3008 (2012).

[1] John Tobin, "To Prohibit or Permit: What is the (Human) Rights response to the Practice of International Commercial Surrogacy?", 63 (2) *I.C.L.Q.* 317-352 (2014), *p*. 334.

[2] 《儿童权利公约》第 2 条规定:"1. 缔约国应尊重本公约所载列的权利,并确保其管辖范围内的每一个儿童均享受此种权利,不因儿童或其父母或法定监护人的种族、肤色、性别、语言、宗教、政治或其他观点、民族、族裔或社会出身、财

代孕儿童不因其自身的"身份"或者他们父母的身份而受歧视。在跨国代孕中，这种歧视最可能出现在儿童的亲子关系或者国籍不确定的情形下，这导致其他亲子关系和国籍没有争议的儿童享有的权利，代孕儿童无法享有。

对于防止暴力和虐待，国际法要求父母照顾其子女，并且国家采取措施确保有意向的父母能够实现这项义务。在跨国代孕中，有案例表明有意向的父母存在虐待或遗弃代孕儿童的行为。例如，在美国的一个案件中，代孕儿童在移交到有意向的父母照顾6周后死亡，因为该代孕儿童被反复进行身体上的虐待。[1]这些事例确实有力地证明了代孕中可能发生的暴力和虐待，但这种风险不仅仅存在于代孕中，在跨国收养案件中也会有这种情形出现。[2]

禁止儿童买卖是代孕的反对者经常提出的理由。《买卖儿童任意议定书》对"买卖儿童"进行了界定，[3]但是这一定义的内涵和外延并不明确。对这一行为的具体界定还需要进行法律解释。《维也纳条约》规定，条约应依其用语按其上下文并参照条约之目的及宗旨所具有之通常意义，善意解释之。代孕的反对者通过文义解释指出代孕（尤其是商业代孕）中的"转移""报酬"和"考虑"表明商业代孕属于儿童买卖。简言之，这

（接上页）产、伤残、出生或其它身份而有任何歧视。2. 缔约国应采取一切适当措施确保儿童得到保护，不应该基于儿童父母、法定监护人或家庭成员的身份、活动、所表达的观点或信仰而受到一切形式的歧视或惩罚。"

〔1〕 Permanent Bureau of the Hague Conference of Private International Law, *Private International Law Issues Surrounding the Status of Children, Including Issues Arising from the International Surrogacy Arrangment*, Prel. Doc. No 11 of March 2011, p. 76.

〔2〕 See ABY and ABZ v. Patient Review Panel（Health & Privacy）VCAT 1382.

〔3〕《买卖儿童任意议定书》第2条第a项规定："买卖儿童系指任何人或群体为了报酬或出于其他考虑将儿童转让给另一个人的任何行为或交易。"

种安排关注于儿童根据条款被带来,由一人(代理孕母)作为金钱(报酬)的交换,交付给(转移)另一个人(有意向的父母)。但这种解释明显太过简单。从更深层次来讲,从《买卖儿童任意议定书》第3条[1]规定转移儿童的目的可以看出,列举的每个行为都考虑了对儿童的剥削和利用。相比之下,代孕的目的并非剥削和利用儿童,而是期待有意向的父母为儿童提供适当的照料和抚养。

事实上,除上述主要矛盾点之外,促进人口增长、宗教教义禁止或允许代孕都是一些国家对代孕持不同立场的原因。但无论是基于何种原因,比如,无论是以公共秩序保留为名,还是从代理孕母和代孕儿童基本权利的角度出发,以辩证的眼光来看,各国的立场都有其合理性。而且,这些不同的立场都是各国基于本国国情作出的。从其行为上来说,这是各国主权的行使;从其背后的利益考量来说,都有其合法合理性。那么,从跨国代孕这一角度来看,如何正视各国国内代孕立场的差异呢?笔者认为,在跨国代孕中应当求同存异。

3. 跨国代孕中的求同存异

跨国代孕问题是一个集合性的问题,正如前文所交代的,跨国代孕中的法律问题涉及很多方面。从本书研究对象来看,

---

[1]《买卖儿童任意议定书》第3条第1款规定:" 一、每一缔约国应确保下列行为和活动按照其刑事法或刑法起码将被定为犯罪行为,而不论这些行为是在国内还是在国际上犯下的,也不论是个人还是有组织地犯下的:(一)根据第二条确定的买卖儿童的定义:1. 为下述目的以任何方式提供、送交或接受儿童:(1)对儿童进行性剥削;(2)为获取利润而转让儿童器官;(3)使用儿童从事强迫性劳动。2. 作为中间人以不正当方式诱惑同意,以达到用违反适用的有关收养的国际法律文书的方式收养儿童的目的;(二)主动表示愿意提供、获取、诱使或提供儿童,进行第二条所指的儿童卖淫活动;和(三)为了上述目的生产、发售、传播、进口、出口、主动提供、销售或拥有第二条所指的儿童色情制品。"

除了涉及代孕合法化的比较研究之外，还涉及跨国代孕合同的法律适用问题和跨国代孕儿童亲子关系的认定问题。而笔者所谓的求同存异即是指，无须（事实上也无法）统一要求在全球范围内对代孕予以禁止或者允许。应正视各国对代孕立场的不同，在此基础上，站在国际和谐的高度来处理跨国代孕中涉及的其他问题。比如，用简洁的调整方法将跨国代孕合同看作是一种特殊合同，从而探寻其法律适用。又比如，将儿童利益最大化原则这一国际统一认可的价值观作为处理跨国代孕儿童亲子关系认定问题的基本指导原则。事实上，海牙国际私法会议已经在进行这样一项工作了。

2010年，海牙国际私法会议启动"亲子关系/代孕计划"（parentage/surrogate project），开始关注跨国代孕中代孕儿童亲子关系的认定问题。[1]历经10年，经过6次专家组会议，当前统一达成了一个共识，即公约仅涉及跨国代孕中亲子关系的认定问题。专家组会议还特别强调，海牙国际私法会议针对代孕而开展的任何工作都是对代孕的支持或反对。[2]虽说海牙国际私法会议的这种声明旨在促使其即将制定的关于跨国代孕中代孕儿童亲子关系认定议定书的有效出台与生效，但这一举措也同时从侧面反映了笔者在上述跨国代孕中求同存异的可行性。

除此之外，前述德国联邦最高法院承认美国关于跨国代孕中代孕儿童亲子关系认定判决的裁定也明确表示，常常被用来维护国内法立场的公共秩序，在跨国代孕中需要进行限制性解释，这一做法考虑的是国际和谐。[3]可见，在跨国代孕中求同

---

[1] See "parentage/surrogacy project" of HCCH.

[2] See Experts' Group on the Parentage/surrogacy Project: Report of the Experts' Group on the Parentage/surrogacy Project, Prel. Doc. 2 of November 2019.

[3] See No. XII ZB 463/13.

存异也具有合法性和合理性。

本章小结

对代孕合法化的比较分析是研究跨国代孕法律问题的基础，对比典型国家的立法或司法实践，在对待代孕合法化的问题上，各国差异极大，而且这种差异是由各国政治、经济、伦理观念甚至是宗教理念的不同所带来的。例如，绝对禁止代孕的典型国家有法国、德国和日本，部分禁止代孕的国家有英国、以色列、澳大利亚以及印度等，完全允许代孕的国家和地区有俄罗斯、乌克兰以及美国加利福尼亚州等。这些不同立场背后的理由，如禁止代孕的国家通常认为代孕有损人性尊严，挑战了传统家庭伦理观念，并通常通过公共政策保留禁止代孕；允许代孕的国家通常从人权角度分析有意向的父母的生殖健康权、组建家庭权和隐私权，代理孕母的身体自决权等。虽然立场各异背后的利益考量不同，但是有一点必须承认，即各个国家有不同的国情，也有独立的主权，对代孕合法化的立场都有理有据，无法在全球范围内对代孕合法化达成统一的认知。但同时也不需要强求代孕合法化的统一立场，因为跨国代孕不同于国内代孕。

对于代孕合法化的立场，国内代孕仅需要考虑国内的相关经济、社会发展、宗教以及传统伦理观念等因素，根据本国国情确定允许代孕或者禁止代孕或者有限禁止等立场。但是上升到国际层面，有国际私法中的公共秩序以及国际公共秩序需要维护，可以采用国际私法的方法来调整代孕问题。因此，在跨国代孕中对待代孕合法话问题要求同存异，在尊重各国代孕立场差异性的基础，不干涉各国国内法中代孕的合法与否，其不会仅仅因为相关国家代孕合法化立场的不同而否认该跨国代孕中的所有法律行为的有效性，用国际和谐大秩序的眼光来看带跨国代孕中涉及的其他问题，如跨国代孕合同的法律适用问题以及跨国代孕儿童亲子关系的认定问题。

第三章
跨国代孕合同及其法律适用

跨国代孕合同是指在跨国代孕中，有意向的父母和代理孕母就跨国代孕事项达成的合同。[1]跨国代孕合同法律规制的核心问题即跨国代孕合同的法律适用问题。研究跨国代孕的法律适用问题必须对跨国代孕合同的类型、性质及内容进行分析，在此基础上总结跨国代孕合同的法律适用规则。

---

[1] 本书研究的代孕合同仅指有意向的父母和代理孕母之间就代孕事项达成的合同。不包括其他当事人之间可能存在的合同关系。事实上，在实施代孕的过程中，可能会涉及有意向的父母、代理孕母、医疗机构、代孕中介机构、配子捐献者等多方当事人。对于这些当事人互相之间的关系是否属于代孕合同关系这一问题，当前有不同的观点。有学者将代孕契约法律关系的构成归纳为三种：个别契约关系、单一契约关系、两个契约关系。个别契约关系是指：代理孕母与受术夫妻间为一个代孕契约，而受术夫妻与医疗机构间以及代理孕母与医疗机构间分别为两个医疗契约，实施代孕会涉及三个个别契约的订立。单一契约关系是指：将受术夫妻与代理孕母之间的代孕法律关系、医疗机构与受术夫妻之间的医疗法律关系，以及医疗机构与代理孕母之间的医疗法律关系结合为一个契约。两个契约关系是指：将同具医疗行为性质的受术夫妻与医疗机构、代理孕母与医疗机构的契约合而为一，也就是说受术夫妻与医疗机构间之撷取精子与卵子的医疗契约，以及代理孕母与医疗机构间人工授精契约，合并为一人工协助生殖医疗契约。代理孕母与受术夫妻之间则另成立一代孕契约。参见苏坤城 1999 年发表的《论代孕契约之损害赔偿》一文。

第一节 跨国代孕合同的性质

跨国代孕合同的性质是指跨国代孕合同是有名合同还是无名合同，是财产性合同还是人身性合同。对跨国代孕合同的性质认定不同，则其法律适用规则不同。因此，研究跨国代孕合同的法律适用，有必要先对跨国代孕合同的性质进行分析。而根据代孕合同的一般内容，代孕合同的性质有以下几种可能：

一、有名合同和无名合同

根据法律是否赋予特定合同名称并设有专门规范，合同可以被分为有名合同与无名合同。合同法之所以在合同类型自主主义下创设有名合同和无名合同，其主要机能在于以任意规定补充当事人约定之不足。

(一) 雇佣合同

雇佣合同是以劳务为标的的合同，由受雇人为雇用人服劳务。承揽、代理、保管、运输等合同也属于劳务合同，但是这些劳务合同将服劳务作为达成该种合同目的的手段，服劳务并非该类合同的主要目的，唯雇佣合同是以服劳务为合同目的。雇佣的目的仅在于受雇人单纯提供劳务，除供给劳务外，并无其他目的。故雇佣合同是最纯粹的劳务合同，这也是雇佣合同与其他劳务合同的主要区别。代孕合同与雇佣合同的区别也体现于此。[1]

在代孕行为中，代理孕母除要接受人工生殖手术及怀孕等

---

[1] 陈凤珠：" 代孕契约法律关系之研究"，成功大学 2003 年硕士学位论文，第 50 页。

劳务外，其还可以在不违反合同目的的情形下，依据其怀孕经验决定怀孕期间应有的作为和不作为，确保有意向的父母获得最大利益。因此，代孕合同并非以代理孕母服劳务为合同的目的，而雇佣合同是纯粹的服劳务合同，因此，代孕合同与雇佣合同的性质不同。

（二）承揽合同

承揽合同是以发生结果为目的的合同，劳务供给是承揽合同被归类为劳务合同的原因。但承揽合同不同于其他劳务合同，如雇佣以提供劳务为合同的重要元素，但在承揽合同中，劳务供给仅为承揽的手段，此亦承揽与雇佣的最大区别。此外，承揽合同具有财产合同的特质，如承揽规定的瑕疵担保责任及合同解除权。承揽人完成的工作是指其通过劳务而造成的后果。工作的种类除不得违背公共政策外，法律上并无限制，其结果可以是有形的也可以是无形的，故承揽合同涵盖生活的各个方面。但是代孕合同不属于承揽合同，原因如下：

1. 报酬给付义务不同

承揽人完成工作后，定做人必须给付报酬，报酬即工作之对价。如果承揽人完成一定工作之后，定做人如不给付报酬，则不属于承揽合同。而关于报酬之种类，除金钱外，权利、劳务等均可为报酬。因此，对于承揽合同，承揽人在劳务完成后有交付完成物的义务，并且在交付完成物后有请求报酬的权利。

在代孕行为中，存在无偿代孕。在无偿代孕中，有意向的父母仅支付进行代孕的合理费用即可，代理孕母不因进行代孕而获利，而承揽合同必定存在报酬给付。另外，承揽合同中承揽人有交付完成物的义务，但代孕出生之代孕儿童不是完成物。因此，代孕合同亦不属于承揽合同。

2. 劳务专属性不同

劳务专属性是指必须由合同当事人提供劳务，非经约定不得转让第三人行使。承揽合同以发生之结果为目的，提供劳务是为达成目的之手段，换言之，承揽合同非以提供劳务为主要目的，劳务供给专属性对于承揽合同而言为非必要，因此除非当事人间有特殊约定，否则承揽人不必亲自服劳务。

若将代孕合同看作承揽合同，则代理孕母仅被要求提供劳务结果，代理孕母并无劳务专属性。但代孕行为是因有意向的父母信赖代理孕母的身体健康及怀孕生产经验等，有意向的父母与特定代理孕母签订合同，在很大程度上基于这些信赖利益，如代理孕母可以不亲自进行代孕，则此种信赖利益将无法得到保证。因此，代孕合同与承揽合同的劳务专属性不同，代孕合同不是承揽合同。

3. 当事人权利义务不同

在承揽合同中，承揽人具有瑕疵担保责任，定做人则有解除权。

承揽人的瑕疵担保义务无法适用于代孕行为。在代孕中，如果要请求代理孕母承担瑕疵担保义务，则代理孕母在接受人工生殖手术及怀孕的过程中，都必须担保无瑕疵，然生育过程本身即存在人为不可控制的因素，要求代理孕母负瑕疵担保义务，对于代理孕母来说超过了其责任能力。

定做人的解除权，使得定做人在约定结果达成前和达成后都拥有解除合同的权利，解除权一旦行使，则合同效力全归于消灭。若将此规定适用于代孕合同，则有意向的父母得以行使解除权，但代理孕母已无法恢复到合同订立之前的状态。从代理孕母和代孕儿童的基本权利出发，有意向的父母不应由此权利。

（三）委托合同

委托是受任人处理事务，因此委任合同的成立需取得受任人之承诺，受任人有权决定是否接受委任。委托的目的在于一定事务之处理。而委托人之所以委托该受任人，是因为具有一定的信任基础，因此，在委托合同中，除有特别约定为委托人决定委托的目的，否则均由受任人处理具体事务以达成委托目的。就此来看，委托合同与代孕合同具有高度相似性。在代孕中，有意向的父母信赖代理孕母的身体状况及生育经验等，代理孕母在怀孕期间有向有意向的父母报告怀孕事宜的义务，同时对于处理怀孕的相关事项具有一定的自由。[1]

但是，代孕合同与委托合同也具有实质上的不同。这种不同体现在复委托上。受任人接受委托人委托处理事务，但受任人不必本人亲自为之，受任人可以复委托，将其与委托人之间约定的事务委托给第三人。而在代孕中，有意向的父母选择特定代理孕母是基于对代理孕母的信赖，代理孕母的劳务具有专属性，不得复委托。因此，代孕在这一点上与委托合同不同。

通过上述分析可知，合同法未专门设定代孕合同，而且与代孕合同有一定相似性的承揽合同、雇佣合同以及委托合同等有名合同与代孕合同在本质上有所区别，因此，代孕合同是新型的无名合同。

二、财产性合同和人身性合同

学者针对代孕合同的财产性和人身性主要有两种观点：一

---

[1] 陈凤珠："代孕契约法律关系之研究"，成功大学 2003 年硕士学位论文，第 56 页。

种观点认为代孕合同是财产性合同；另一种观点认为代孕合同是兼具人身性和财产性的合同。[1]

(一) 财产性合同

部分学者在代孕调整模式上，建议用收养模式调整代孕，因此认为，应将代孕合同视为财产性合同，与收养合同并行。持该观点的学者从代孕合同与公序良俗原则的相适性出发，认为若在代孕合同中直接约定子女的身份关系，则代理孕母依约负有交付所生子女给有意向的父母的义务，有意向的父母给付报酬的行为不仅是对代理孕母服劳务的给付，还兼具交付子女的性质。而这与一般人的道观念有违，且忽略子女最佳利益之考虑，易被认定有悖于善良风俗而使代孕合同无效。因此，这一观点认为代孕合同不应直接约定代孕儿童的身份关系，代孕合同应被认定为单纯的财产性合同。[2]

(二) 兼具财产性和人身性的合同

认为代孕合同兼具财产性和人身性的学者强调国家公权对个人自由限制的边界，并从宪法赋予的自由、生育权、隐私权角度论证代孕合同约定亲子关系的合理性，并认为代孕涉及的身份和合同的选择并不必然是二选一的。两个法律体系所代表

---

[1] 合同有广义和狭义之分。狭义的合同是指债权合同，即两个以上的民事主体之间设立、变更、终止债权关系的协议；广义的合同是指两个以上的民事主体之间设立、变更、终止民事权利义务关系的协议，广义的合同除了民法中债权合同之外，还包括物权合同、身份合同，以及行政法中的行政合同和劳动法中的劳动合同等。狭义的合同仅具有财产性，而广义的合同根据调整的法律关系不同，有财产性和人身性之分。本书采用合同的广义之说。参见王利明：《合同法》，中国人民大学出版社2013年版，第36页。

[2] 阳佳君："论代理孕母所生子女之法律地位"，成功大学2003年硕士学位论文，第83页。

的价值是可以互补且均被保护的。[1]因此,学者强调法院和立法机构应当尊重以合同方式建立家庭身份关系的选择自由权,同时维持以传统的身份关系为基础的家庭关系。[2]从该部分学者的论述中可看出,合同内容约定身份关系是代孕合同不可回避的实质内容,代孕合同兼具人身性和财产性。

本书认为,代孕合同是兼具人身性和财产性的合同。因为,根据前文所述,[3]本书认为,代孕行为是有意向的父母和代理孕母行使基本权利的行为,这一行为实质上并未损害国家公共政策。

因此,综上所述,跨国代孕合同是兼具人身性和财产性的无名合同,对于跨国代孕合同的法律适用应当充分考虑跨国代孕合同的此种性质。

第二节 跨国代孕合同的内容

跨国代孕合同的内容往往包括合同主体资格条件、合同标的的认定以及双方当事人的权利义务。[4]根据跨国代孕合同的

---

[1] Janet L. Dolgin, "Status and Contract in Surrogate Motherhood: An Illumination of the Surrogacy Debate", 38 *Buffalo Law Review* 1990, p. 545.

[2] Janet L. Dolgin, "Status and Contract in Surrogate Motherhood: An Illumination of the Surrogacy Debate", 38 *Buffalo Law Review* 1990, p. 550.

[3] 参见第二章对跨国代孕合法性的论述。

[4] 以加利福尼亚州为例,其法律要求代孕必须有代孕合同,合同内容必须包含以下内容:合同旅行日期、配子来源者、有意向的父母的姓名、任何取得出生前命令或者亲子关系令的必要程序、有意向的父母和代理孕母的风险和责任、代孕费用、有意向的父母与代理孕母在生产以及其他妊娠中重要事项上的接洽安排、就某些敏感问题进行约定。See "California Surrogacy Process: What Need You Know to Get Started", https://surrogate.com/surrogacy-by-state/california-surrogacy/ca-surrogacy-process, last visited on July 8, 2020.

不同内容,跨国代孕合同的法律适用不同。因此,有必要对跨国代孕合同的内容进行研究。

一、主体的资格

跨国代孕合同的主体是有意向的父母和代理孕母。当前,对代孕有法律规制的国家,或基于对本国公共政策之考量,或基于对当事人身体或心理健康之考量,通常都会对有意向的父母和代理孕母的资格进行一定的限制。

(一) 有意向的父母

有意向的父母的主体资格限制通常体现于对其生育能力以及与代孕儿童的血缘关系几方面。[1]

1. 生育能力

代孕是有意向的父母实现繁衍下一代梦想的手段。故对于因先天缺陷或后天疾病而无法怀孕生子的合法夫妻或伴侣,通常被认为有权进行代孕。因此,对有意向的父母进行代孕之生育能力要求的主要问题在于:第一,同性恋者是否有权代孕;第二,有生育能力的合法夫妻或伴侣是否有权进行代孕。

第一,对于同性恋者进行代孕的问题,本书认为,这取决于一国国内法中同性婚姻的合法性。认可同性婚姻的国家应当赋予同性恋者通过代孕进行生殖的权利。禁止同性婚姻的国家则可以禁止同性恋者进行代孕,因为禁止同性婚姻的国家通常认为同性婚姻违背公共政策。

第二,对于有生育能力的合法夫妻或伴侣进行代孕的问题。

---

〔1〕 参见2010年陈志雄等发表的《世界各国代孕生殖政策探讨》。Katarina Trimmings and Paul Beaumont, *International Surrogacy Arrangements: Legal Regulation at the International Level*, Hart Publishing, 2013.

本书认为，不应对其进行限制。虽然不育症患者的增加是代孕合法化的现实基础，但是，这并不代表只有不育症患者有权进行代孕。因为代孕是有意向的父母和代理孕母个人自决权行使的体现，有意向的父母行使个人自决权不应以其患有不育症为限。

2. 与代孕儿童之间的血缘关系

与代孕儿童之间具有血缘关系即要求有意向的父母在进行代孕时至少有一方的配子被使用。有学者认为血缘联系是进行代孕的基本原则，因为，如果不要求有意向的父母与代孕儿童之间存在血缘关系，那么有意向的父母可以通过收养方式组建家庭，全球已经有成千上万个儿童待收养，没必要再创造更多儿童。要求有意向的父母与代孕儿童之间有血缘关系，是对海牙收养公约的肯定，确保了该公约的价值不遭到贬损。[1]

(二) 代理孕母

代理孕母的资格限制主要体现生育经验、年龄以及与有意向的父母的血缘关系三方面。[2]

1. 生育经验

对代理孕母生育经验的要求即代理孕母至少有一次怀孕的经验，至于其婚姻状况则不论。生育经验的要求是基于提高代孕成功率以及避免代孕成功后亲子关系纠纷等原因而设置的。

---

[1] Hannah Baker, "A Possible Future Instrument on International Surrogacy Arrangements: Are There 'Lessons' to be Learnt from the 1993 Hague Intercountry Adoption Convention?", in Katarina Trimming and Paul Beaumont (eds.), *International Surrogacy Arrangements—Legal Regulation at the International Legal*, Hart Publishing, 2013, 1st. ed., p. 423.

[2] 参见 2010 年陈志雄等发表的《世界各国代孕生殖政策探讨》。Katarina Trimmings and Paul Beaumont, *International Surrogacy Arrangements: Legal Regulation at the International Level*, Hart Publishing, 2013.

要求代理孕母有生育经验是因为有生育经验的人较能适应怀孕与生产的过程，较能忍受和了解怀孕的不便和生产的痛苦。代孕成功与否，不仅与代理孕母生理与心理健康状况紧密相关，其怀孕经验对代孕行为的安全性也有重要影响，缺乏怀孕经验的代理孕母将会增加代孕的风险。

另外，有生育经验的代理孕母在代孕成功后反悔的概率较小。假如代理孕母是已婚但无子女，代理孕母容易对代孕儿童产生无法割舍的情感，代孕儿童出生后，选择保留对代孕儿童亲子关系的可能性较之已有子女的代理孕母更高。

2. 年龄

对于代理孕母的年龄，需要有上限和下限。年龄的下限是为保证代理孕母作出代孕决定时具有成熟的思考能力，年龄的上限则是出于对代理孕母身理健康的考量。

具体而言，对于代理孕母年龄的下限，通常要求其为成年人。自然人为民事法律关系时，成年人通常被认为具有成熟的思考能力，能为自己的行为负完全民事法律责任。因此，代理孕母要求为成年人，而成年人的具体年龄则由各国根据本国情况加以规定。对于代理孕母年龄的上限，则以代理孕母生育能力为限。怀孕是一种极为消耗体能的活动，年龄过高的女性怀孕不仅会对其自身身理造成极大的负荷，也会影响婴儿身体状况。因此，代理孕母的年龄需要有上限。当前，不同国家对于具体的年龄规定不同，例如，印度要求不得超过35周岁。

3. 与有意向的父母的血缘关系

有些国家或地区立法或司法中要求代理孕母与有意向的父母必须存在血缘上的限制。对代孕进行这一限制的主要目的是防止代孕带来的家庭伦理问题。但本书认为这一限制不是必需的。因为不同国家的家庭伦理观不同。我国受传统家庭文化的影响，认为"位子代孕""为母代孕"违反了家庭伦理，但是在英美等国则不存在这一问题。例如，英国媒体报道的一则母亲为同性恋儿子代孕的新闻。在该代孕中，英国女子安·玛丽使用其同性恋儿子凯尔·卡森伴侣的精子和捐献者的卵子为其子进行代孕并产下一子，英国上诉法院批准了凯尔·卡森的领养申请。[1]

二、合同的标的

合同的标的是合同法律关系的客体，是合同当事人权利和义务共同指向的对象。根据上文所述，代孕合同是兼具财产性和身份性的合同。是以代理孕母和受术夫妻之间权利义务关系为内容的合同。其权利义务内容的核心是：代理孕母通过人工授精的方式为有意向的父母怀孕并将所生子女交付有意向的父母，代理孕母放弃对子女的亲子关系；有意向的父母受领婴儿并支付代理孕母补偿费用。[2]

其中，"代理孕母放弃对子女的亲子关系"，是一方向另一方为让渡身份的法律行为，这种让渡法律行为体现的既是受术夫妻的（受领方）权利和义务，也是代理孕母（让渡方）的义务和权利，是双方权利义务指向的对象。这体现在代孕儿童出生后，代理孕母不履行交付子女义务时，受术夫妻有权向法院申请强制其交付并申请亲子关系令以确认其亲子关系的取得；

---

[1] "英国一母亲为同性恋儿子代孕，属英首例引关注"，载 http://news.xinhuanet.com/world/2015-03/10/c_127562910.htm，最后访问日期：2016年3月2日。

[2] 参见2010年陈志雄等发表的《世界各国代孕生殖政策探讨》。Katarina Trimmings and Paul Beaumont, *International Surrogacy Arrangements: Legal Regulation at the International Level*, Hart Publishing, 2013.

反之，受术夫妻不为受领义务时，代理孕母也有权向法院申请强制其受领并判决其为子女法律上的父母。双方向法院提出的请求内容，不只是强制交付或受领婴儿，更重要的是判决婴儿亲子关系的归属。因此，这种身份让渡的法律行为，是代孕合同的标的之一。[1]

三、当事人的主要权利义务

当事人的权利义务是合同的内容，在代孕合同中，有意向的父母和代理孕母通常拥有几项主要的权利并分别负有一定的义务。[2]

（一）代理孕母的主要权利

代理孕母的主要权利体现在签订代孕协议之前的知情权和合同履行过程中的隐私权、获得报酬权以及基于身体健康考虑的自主堕胎权。

1. 知情权

代理孕母的知情权即代理孕母对契约的内容以及可能的影响事先有清楚的认识。知情权的内容主要有两点：第一，对代孕手术本身的风险充分知情；第二，对代孕成功后需放弃对代孕儿童的亲子关系有充分认知。

在知情的基础上订立合同，不仅是对代理孕母订立合同时对合同内容和后果的知情权的保护，而且能防止合同订立中的显失公平或对合同内容产生重大误解，减少日后因对合同内容

---

〔1〕 康茜："代孕关系的法律调整问题研究——以代孕契约为中心"，西南政法大学2011年博士学位论文，第131页。

〔2〕 参见2010年陈志雄等发表的《世界各国代孕生殖政策探讨》。Katarina Trimmings and Paul Beaumont, *International Surrogacy Arrangements: Legal Regulation at the International Level*, Hart Publishing, 2013.

和后果不了解而引发的合同纠纷。

2. 隐私权

事实上，隐私权不仅是代理孕母的权利也是有意向的父母的权利。代孕合同双方当事人都有权要求对方对本人个人的、私密的重要信息进行保密，不得向公众、媒体或其他个人提供或允许他人使用该信息。

在代孕中，隐私权的规定不仅是出于保护代孕当事人双方隐私信息的目的，而且对于代孕儿童的健康成长具有重要意义。因此，当代孕儿童达到一定年龄，希望知悉其出生情况时，代孕儿童有权查阅有意向的父母和代理孕母进行代孕的信息。

3. 获得报酬的权利

在跨国代孕的合法性分析中，本书认为，无论是无偿代孕还是商业代孕都是合法的。因此，代理孕母有权获得报酬。而且，代理孕母有权获得之报酬不仅包括进行代孕支出的合理费用，还包括其提供劳务之报酬。

4. 堕胎自主权

堕胎自主权本身即是一个争议极大的权利，许多国家禁止堕胎，更遑论在代孕情形下的堕胎自主。因此，在一般情形下，代理孕母没有堕胎自主权。代理孕母与有意向的父母签订代孕合同后，无论是基于诚信原则还是基于合同义务，代理孕母都应善尽一切注意义务促使代孕儿童顺利分娩。但是，当代理孕母因为怀孕而严重威胁其生命健康权时，本书认为，代理孕母应当得以在通知有意向的父母后，进行堕胎。

（二）代理孕母的主要义务

在代孕中，代理孕母的主要义务是交付代孕儿童，而未履行这一主要义务，代理孕母还必须履行保护胎儿健康发育的义务和定期产检的义务。

1. 保护胎儿健康发育义务

代理孕母在怀孕期间应如一般女性怀孕时一样，改变生活方式和作息，为了最大限度地保护胎儿的健康发育，应减少对胎儿发育不利的各种生活习惯，包括：代理孕母在怀孕期间应尽力照顾自己的身体及心理健康，包括接受医师指示服用药物、食用均衡营养的食物，并且禁烟禁酒；代理孕母及配偶于受孕后特定时期内不得进行有碍代孕合同履行的性生活，此限制性生活特定时期应遵医嘱。

2. 定期产检义务

除非医师另有特别建议，否则代理孕母只需接受一般孕妇所做的产检扫描即可。只要是医师认为合适且与胎儿健康相关之药物检测，代理孕母在怀孕期间及小孩出生后均须接受。

3. 交付婴儿义务

代理孕母应当在代孕儿童出生后的一定时期内将婴儿交付于有意向的父母，并放弃与代孕儿童的亲子关系。原则上，代理孕母应在生产完毕后立即将婴儿交付有意向的父母，但婴儿如需要代理孕母哺乳或出现须留院观察的情况，交付的时间应以婴儿最佳利益为原则，以确保婴儿能健康发育为主。

（三）有意向的父母的权利

有意向的父母的权利与代理孕母的主要义务相对，受术夫妻有权要求代理孕母保护自身和胎儿的健康的权利、合理限制代理生活习惯、性生活的权利、及时了解代理孕母婚姻状况的权利，及时了解代理孕母产检结果的权利、了解代理孕母家庭情况的权利以及同代理孕母共同指定待产医院的权利。

（四）有意向的父母的义务

有意向的父母的义务与代理孕母的权利相对，例如，告知义务、保密义务、支付代孕报酬的义务等。但是，除这些与代理孕母权利相对应的义务外，有意向的父母还负有受领婴儿的义务和及时申请法院亲子关系确认判决的义务

受术夫妻有义务在婴儿出生后受领婴儿并在规定的期限内向法院提起亲子关系确认之诉，以获得法院对亲子关系确认的判决建立法律上的亲子关系。当然，在立法设计上，如将法院对代孕合同效力的审查前置，并规定有效合同的履行后，自子女出生时受术夫妻即视为婴儿的父母的，则不需要申请亲子关系确认判决。

第三节 跨国代孕合同的法律适用

根据上文可知，跨国代孕合同是兼具财产性和人身性、涉及国际公共利益的无名合同；跨国代孕合同的主要内容包括合同主体资格条件、合同标的的认定以及双方当事人的权利义务。依据跨国代孕合同的性质和主要内容，笔者认为，跨国代孕合同的法律适用规则如下：

一、当事人选择的法

国际私法中的意思自治即当事人双方有权自行选择某个法域的法律来调整其法律关系。意思自治体现了私法的核心价值，"私法最重要的特点莫过于个人自治或其自我发展的权利，它的核心是尊重当事人的自主意思"。[1]跨国代孕合同适用当事人意思自治，具有其正当性。但是，由于跨国代孕合同的特殊性，

---

[1] 于飞："意思自治原则在涉外离婚领域的适用"，载《厦门大学学报（哲学社会科学版）》2011年第1期。

在跨国代孕合同中适用意思自治原则也应受到限制。

(一) 适用的正当性

跨国代孕合同适用当事人意思自治，具有其正当性，其理由如下：

第一，意思自治原则是合同法律适用的基本原则，跨国代孕合同作为涉外合同的一种特殊类型，具有适用意思自治原则的基础。跨国代孕合同虽然具有较强的人身性，不同于买卖合同、消费合同等有名合同，但是跨国代孕合同的根本是有意向的父母和代理孕母行使个人自决权订立的合同。因此，意思自治原则作为跨国代孕合同法律适用的规则具有其权利基础。

第二，意思自治原则的适用范围的扩张是跨国代孕合同得以适用意思自治原则的重要依据。意思自治原则最初适用于合同领域，但随着国际私法的发展，其范围日益扩大，侵权领域、婚姻家庭领域等都可以适用意思自治原则。跨国代孕合同涉及亲属法的内容，具有较强的人身性。在传统的意思自治原则适用范围中，此种合同适用意思自治原则必将受到质疑。但近年来，意思自治原则已经被扩展适用到婚姻家庭领域，因此，即使跨国代孕合同具有人身性，也不能排除意思自治原则的适用。

(二) 适用的限制

意思自治原则体现个人自治，但是，在跨国代孕合同中不仅涉及个人利益，还涉及国家公共利益及当事人之间权利的平衡。因此，在跨国代孕合同的法律适用中，意思自治原则应当受到限制，这种限制应当考虑当事人权益与国家公共利益的平衡、当事人之间权利义务的平衡。而这些限制体现在弱者权益保护原则、法院地法的适用上。

二、惯常居所地法

跨国代孕合同涉及代理孕母为有意向的父母怀孕生子，涉及代理孕母交付代孕儿童的义务，涉及自然人的身份关系。而属人法通常适用于自然人的权利能力和身份关系方面，[1]因此，在跨国代孕合同中属人法具有适用土壤。

对于属人法，从国际私法的沿革看，"住所地法"和"国籍国法"一直是普通法系国家各自坚持的属人法原则。而随着当前社会的发展，属人法逐渐由国籍国法和住所地法向惯常居所地法发展。因此，跨国代孕合同可以适用当事人惯常居所地法。

三、最密切联系的法

最密切联系的法源于最密切联系原则。最密切联系原则最初形成于涉外合同领域，但作为多边冲突规则，其以灵活性强的优势日益扩展适用到其他领域。

（一）适用的正当性

在跨国代孕合同中，根据内容的不同，或适用当事人选择的法或适用当事人惯常居所地法。此种单一的连接点设置可能导致法律适用的僵化，不利于当事人利益的保护和纠纷的有效解决。对此，最密切联系原则有其独到的优势。最密切联系原则具有传统多边法律选择规则的基本结构，但是最密切联系原则适用后，其最终采纳何种联结点需要法官依据更为具体的标准在个案中加以补充。[2]

---

[1] 刘仁山："现时利益重心地是惯常居所地法原则的价值导向"，载《法学研究》2013年第3期。

[2] 宋晓：《当代国际私法的实体取向》，武汉大学出版社2004年版，第125～126页。

另外，最密切联系原则虽然脱胎于萨维尼的法律关系本座说，其联结点主要仍侧重于空间或场所，但是最密切联系原则可以容纳一定限度的社会、经济等内容的考虑。[1]由于代孕问题涉及政治、经济、宗教等多方面，因此适用最密切联系原则有利于兼顾这些方面的考量因素。

(二) 适用的限制

最密切联系原则能兼顾社会、经济等考量因素是其得以适用于跨国代孕合同的原因之一，也是其适用的限制。因为在跨国代孕中需要对弱方当事人进行倾斜性的保护。

在代孕行为中，代理孕母可能会处于弱势地位。禁止代孕的国家普遍认为在代孕中存在对代理孕母的剥削和利用。在代孕中，代理孕母的生育自由不可避免地会受到有意向的父母的干预，这是对代理孕母人性尊严在生育自由上的贬损。虽然本书认为，这种剥削和利用并不必然存在，但是不可否认的是，在代孕实践中代理孕母处于弱势地位的情形。例如，在我国，一位32岁的湖北女子，冲着高额的补偿金为南京一对教授夫妻代孕，在成功怀上双胞胎6个月后，因出血流产导致胎儿不保。随后，这位代理孕母向代孕公司和需求方讨要3万元补偿金，但均被拒绝。[2]在此情形下，有必要对代理孕母进行特别保护。

因此，笔者认为，最密切联系的法可以作为跨国代孕合同法律适用的兜底条款，当当事人没有选择法律或选择的法律、当事人惯常居所地法的适用会显失公平时，法院可以适用最密切联系的法维护个案正义。

---

[1] 宋晓：《当代国际私法的实体取向》，武汉大学出版社2004年版，第126页。
[2] 乌梦达、李德欣、袁汝婷："地下代孕产业链，出租子宫的'买卖'"，载《新华每日电讯》，2014年9月23日。

四、法院地法

在跨国代孕中，往往涉及有意向的父母来源国和代理孕母所在国。而代孕是一个敏感的话题，往往涉及一国的公序良俗、公共政策。虽然本书不赞同根据公共政策禁止代孕，但是在跨国代孕案件中，考虑法院地国的公序良俗和公共政策，以规范跨国代孕行为是有必要的。例如，上述跨国代孕进行的条件中提到的对代理孕母与有意向的父母血缘关系上的限制，可能涉及一国公序良俗。在英美法国家，这一行为极为常见，例如，2015年英国媒体报道了一则女儿为母亲进行代孕的新闻。在该代孕中，英国女子艾伦·布朗使用其自己的卵子和其继父的精子，通过试管婴儿，为其生母与继父进行代孕，产下了一对双胞胎。[1]但是，这在另一些国家或地区则不被接受。因此，当代孕违反法院地国公序良俗或者公共政策时，应当适用法院地法来规范跨国代孕合同。

本章小结

跨国代孕合同的法律适用主要取决于跨国代孕合同的性质和内容，跨国代孕合同被认定为不同的性质，则适用的法律不同；针对跨国代孕的不同内容，适用的法律也不同。

关于跨国代孕合同的性质，有有名合同和无名合同之分，财产性合同和人身性合同之分。具体而言，跨国代孕合同是兼具财产性和人身性的无名合同。首先，雇佣合同、居间合同和

---

[1] "女儿替母代孕，生下自己的弟弟妹妹"，载 http://newspaper.jfdaily.com/xwcb/html/2015-04/10/content_82547.html，最后访问日期：2016年3月2日。

委托合同等有名合同与代孕合同都具有本质上的区别。因此，代孕合同是无名合同，特定有名合同的法律适用规则不适用于跨国代孕合同。其次，以国家利益限制私人权利是有边界的，基于有意向的父母的家庭生活权、隐私权等基本权利以及代理孕母的自决权达成的跨国代孕协议应当受到法院和立法机构的尊重，也就是说，应当允许以合同方式建立家庭身份关系，因此代孕合同兼具人身性和财产性。

同时，代孕合同涉及主体、客体和标的三方面的内容。其中，对于代孕当事人的资格，往往涉及一国国内强制性规则，适用法院地法；对于代孕合同的标的，涉及代孕儿童与有意向的父母的亲子关系，适用惯常居所地法；对于当事人的权利义务则根据不同的内容再具体进行法律适用。

第四章
跨国代孕亲子关系的认定

跨国代孕亲子关系的认定是跨国代孕行为必然产生的法律后果。根据前文可知，跨国代孕产生的主要原因之一是各国对跨国代孕法律规制的立场不同，因此跨国代孕常常使得儿童接收国陷入认定跨国代孕亲子关系的两难境地，即维护本国国内的公共政策还是保护儿童利益最大化。

第一节 跨国代孕亲子关系认定的问题

相较于国内代孕，跨国代孕涉及的亲子关系问题更为复杂，因为在跨国代孕中通常涉及儿童出生国与儿童接收国之间法律冲突的问题。对代孕法律规制不同的国家，跨国代孕中亲子关系的认定规则也不一致，因此，实践中最常见的问题即儿童接收国拒绝承认儿童出生国作出的亲子关系证明或者确定亲子关系的判决，从而导致代孕儿童的亲子关系无法确定。

一、跨国代孕中亲子关系认定问题的产生

当前，跨国代孕中亲子关系的认定问题主要有两种类型：第一，接收国拒绝承认出生国作出的亲子关系证明；第二，接收国拒绝承认确定亲子关系的判决。导致这两种差异的原因在

于儿童出生国认定亲子关系的方式不同。

(一) 亲子关系证明

联合国《儿童权利公约》第7条第1款规定:"儿童出生后应立即登记,并有自出生起获得姓名的权利,有获得国籍的权利,以及尽可能知道谁是其父母并受其父母照料的权利。"[1]因此,大多数国家在儿童出生后都会对儿童的亲子关系进行登记。此种登记即有意向的父母向其来源国申请与代孕儿童亲子关系的证明。在跨国代孕情形下,亲子关系证明的内容有三种:

1. 代理孕母及其配偶为代孕儿童的法定父母

此种情形往往产生于禁止代孕的国家,其禁止代孕,不承认代孕儿童与有意向的父母之间的亲子关系。而且,目前大多数国家对代孕的法律规制并不完善,其国内实体法关于代孕亲子关系的认定规则通常采用一般亲子关系的认定规则或ART亲子关系的认定规则。

(1) 一般亲子关系证明。在一般亲子关系中,所有的国家基本都认定分娩者为子女的法定母亲,存在差异的是法定父亲身份的确定。[2]对此,当前主要有三种方式确定法定父亲的身份:

第一,通过法律推定。大多数国家规定,当儿童出生于一男性与儿童生母的婚姻存续期间或者由于死亡、婚姻解除或无效导致的婚姻终结前的确定期间,该男性将被推定为儿童法定的父亲。在许多国家,如果儿童出生在婚姻终结后的特定期间,并且在此期间,生母重新缔结婚姻,该儿童将被推定为新的婚姻关系下的子女。在少数国家,这一父权推定原则在特定条件

---

[1] 参见联合国《儿童权利公约》第7条第1款。

[2] See Permanent Bureau of the Hague Conference of Private International Law, *A Study of Legal Parentage and Issues Arising from the International Surrogacy Arrangement*, Prel. Doc. No 3C of March 2014, pp. 46.

下被扩展适用于儿童生母的男性同居者。[1]这一法律推定的基本原理是儿童生母的丈夫（或者男性同居者）较有可能是儿童基因上的父亲，同时，从儿童利益最大化角度出发，儿童最好有一个法律上的父亲。[2]

第二，通过自愿认领。绝大多数国家规定，在法律尚未确定某儿童的父亲时，可以通过自动认领成为法定父亲。具体到认领的条件及适用的程序，不同的国家要求不同。例如，在一些国家，如果另外一个男性的父权会因自愿认领受到影响，则自愿认领无法做出；[3]而在另一些国家，对于自愿认领，还需要母亲或相关人员对登记人员作出简单的声明。[4]

第三，通过司法或行政决定。通过有关的国家机关作出的确认儿童亲子关系的决定最具有权威性。在不同国家，做出这种权威性结论的机构不同。在一些国家，由出生登记机关作出；在另一些国家则由法院做出。[5]

---

[1] 例如，澳大利亚、加拿大、新西兰等国。See Permanent Bureau of the Hague Conference of Private International Law, *A Study of Legal Parentage and Issues Arising from the International Surrogacy Arrangement*, Prel. Doc. No 3C of March 2014, p. 43.

[2] See Permanent Bureau of the Hague Conference of Private International Law, *A Study of Legal Parentage and Issues Arising from the International Surrogacy Arrangement*, Prel. Doc. No 3C of March 2014, p. 43.

[3] 例如，上文所述的，如果该儿童的母亲结婚了，父权推定原则被适用时，自愿认领将无法通过。See Permanent Bureau of the Hague Conference of Private International Law, *A Study of Legal Parentage and Issues Arising from the International Surrogacy Arrangement*, Prel. Doc. No 3C of March 2014, p. 45.

[4] See Permanent Bureau of the Hague Conference of Private International Law, *A Study of Legal Parentage and Issues Arising from the International Surrogacy Arrangement*, Prel. Doc. No 3C of March 2014, p. 45.

[5] 例如，美国、澳大利亚、加拿大等国。See Permanent Bureau of the Hague Conference of Private International Law, *A Study of Legal Parentage and Issues Arising from the International Surrogacy Arrangement*, Prel. Doc. No 3C of March 2014, p. 44.

（2）ART情形下的亲子关系证明。对于人工生殖技术，只有摩纳哥这一个国家禁止所有形式的人工生殖，其他所有国家都允许特定形式的人工生殖。[1]因此，绝大多数国家都有关于人工生殖技术的相关立法或司法规则。一些国家即使尚未颁布相关立法，也多存在针对相关医疗机构和医务人员的指导方针或行为守则。

第一，ART情形下法定母亲的认定。在绝大多数国家，无论是否采用ART，分娩者通常在孩子出生时即被认为是儿童的法定母亲。在特定的情形下（通常是收养或代孕），一些国家可能在孩子出生后将法定的母亲身份转移到有意向的母亲或收养的母亲。

第二，ART情形下法定父亲的认定。针对法定父亲的认定，大多数国家通常均认为，在ART环境下，分娩者的配偶是儿童的法定父亲。而且这一推定的作出不需要考虑基因联系，仅需要考虑分娩者配偶对ART方式的同意。[2]

而在一些没有确立ART相关规则的国家，如果妇女在婚姻存续期间，采用ART生下孩子，无论其丈夫对于该婴儿的到来是否同意采用ART，父权推定原则都将被适用。然而，在这些国家（例如德国、爱尔兰、日本），丈夫可以基于以基因联系为

---

[1] See Permanent Bureau of the Hague Conference of Private International Law, *A Study of Legal Parentage and Issues Arising from the International Surrogacy Arrangement*, Prel. Doc. No 3C of March 2014, p. 46.

[2] 也就是说，缺乏基因的联系将不能成为质疑其父亲身份的理由。例如，捷克共和国、比利时和西班牙都是如此规定。See Permanent Bureau of the Hague Conference of Private International Law, *A Study of Legal Parentage and Issues Arising from the International Surrogacy Arrangement*, Prel. Doc. No 3C of March 2014, p. 47.

抗辩事由拒绝其法定父亲的身份。[1]

2. 有意向的父母通过亲子关系转移机制成为代孕儿童的法定父母

允许代孕的国家通常规定了代孕下亲子关系的确定规则。其中一种规则即有意向的父母通过亲子关系转移机制成为代孕儿童的法定父母，具体而言即认定代理孕母为代孕儿童的法定母亲，有意向的父母通过收养或亲子关系令获得代孕儿童的亲子关系。[2]

以澳大利亚为例，其法律规定，即使代理孕母与代孕儿童没有基因联系，代理孕母也被视为代孕儿童的法定父母，如果代理孕母的伴侣或配偶同意代孕，其伴侣或配偶也将被视为代孕儿童的父母，而可能与代孕儿童基因相连的有意向的父母无法成为代孕儿童的法定父母。但在澳大利亚，所有与代孕相关的立法基本都允许无偿代孕下有意向的父母在代孕儿童出生后可以向法院申请亲子关系命令。在符合条件的情形下，由法院作

---

[1] See Permanent Bureau of the Hague Conference of Private International Law, *A Study of Legal Parentage and Issues Arising from the International Surrogacy Arrangement*, Prel. Doc. No 3C of March 2014, p. 47.

[2] 那些禁止代孕或者未规制代孕的国家中的大多数均没有代孕的特定机制来记录有意向的父母的亲子关系，代孕的实施将不被记录在代孕儿童的出生记录中，因为儿童的亲子关系将通过亲子关系的一般规则来确立，不考虑代孕。如果随后产生收养，大多数国家的儿童的出生证明均将随着收养被重新发放，且不会透露收养事实。但是收养将被保留在相关政府的记录中，并且多数国家为成年后的儿童提供获得全部记录的权利。在那些可能转移亲子关系给有意向的父母的国家中，相似的规则将被适用于儿童的出生记录，这意味着一旦亲子关系发生转移，儿童将被重新发放新的出生证明，该新证明中不会提到代孕，但是代孕的事实将保留在国家记录中，该记录通常是保密的，但是儿童达到一定的年龄后有权获得。See Permanent Bureau of the Hague Conference of Private International Law, *A Study of Legal Parentage and Issues Arising from the International Surrogacy Arrangement*, Prel. Doc. No 3C of March 2014, p. 49.

出该项命令,将代孕儿童的法定父母转移为有意向的父母。[1]另外,在澳大利亚,有意向的父母可以申请收养代孕儿童。具体而言,第一,如果有意向的父母与代理孕母存在一定的关系,有意向的父母可能基于他们与代孕儿童之间的家庭关系而收养代孕儿童,从而确定亲子关系。第二,如果有意向的父母中的一位被认定为代孕儿童的父母,其伴侣可能作为继父母收养代孕儿童。[2]

---

[1] 虽然作出亲子关系命令的条件,各州和各特区之间各不相同,但是各州和各特区都承认亲子关系命令转移亲子关系的效力。关于作出亲子关系命令的条件,其中,相同的要求里最重要的是代孕是非商业性代孕,代理孕母同意转移其亲子关系并且亲子关系的转移符合儿童最佳利益。另外,各地区都要求有意向的父母在其辖区有住所,亲子关系命令的申请必须在代孕儿童出生后的一定时间内作出,在昆士兰州、南澳大利亚州、西澳大利亚洲、维多利亚州,亲子关系命令必须在代孕儿童出生4周后才能申请。而在塔斯马尼亚州和新南威尔士,亲子关系命令的申请则必须在代孕儿童出生30天后作出,而首都特区则是在出生后6周。而且,各个辖区都要求当事人在进行代孕前必须协商咨询。这一规定的目的在于确保双方完全了解代孕的风险,并于受孕前被知相关信息。最后,虽然各辖区对于年龄要求的对象以及具体年龄标准不同,但都有关于最低年龄的要求。而各地区不同的要求又更为繁杂,例如,南澳大利亚州和西澳大利亚洲规定,同性恋不能成为有意向的父母;新南威尔士州和昆士兰州则要求有意向的父母必须要有社会需要或者是男性同性恋者才可以进行代孕。Mary Keyes,"Australia", in Katarina Trimming and Paul Beaumont (eds.), *International Surrogacy Arrangements: Legal Regulation at the International Legal*, Hart Publishing, 2013, 1st. ed., pp.29~30.

[2] 值得注意的是,在澳大利亚,关于亲子关系命令的立法和收养的立法是独立于代孕相关立法的。处理亲子关系命令申请的法院对于代孕案件并没有管辖权,作出亲子关系命令的法院基本责任是依据儿童最大利益作出父母责任的判定,这些法院多次强调,代孕的相关立法与他们的决定无关。同样,在一些收养案件中,法院也强调儿童最佳利益应当优于公共政策。在"Re D and E 案"中,对于有意向的父母收养无偿代孕下代孕儿童的申请,布莱森法官表示:"我不认为代孕是一个值得法律鼓励的行为,即使是如本案中没有商业因素的代孕。"即便如此,其仍决定:"本案中对儿童利益的考量比任何公共政策和不鼓励代孕的考量重要。那些要求作出不批准收养申请,以此表明代孕不被鼓励的观点在儿童利益面前并不重要。"这一观点甚至在其后发生的跨国商业代孕中也得到了引用。See Re D and E NSWSC 646, (2000) 26 Fam LR 310. Ellison and Karnchanit Fam CA 602.

又如，英国国会于 1990 年通过《人类生殖与胚胎研究法》初步规范了代孕儿童的法律地位。根据该法及其修正案，分娩者是儿童的法定母亲。但英国法律也同时规定，经代理孕母及其丈夫或合法伴侣的同意，当事人可以向法院申请亲子关系命令。亲子关系命令具有转移亲子关系的效力。[1]

3. 有意向的父母直接被登记为法定父母

允许商业代孕的国家或地区通常直接认定有意向的父母是代孕儿童的法定父母。例如，印度于 2008 年公布的《辅助生殖技术法（草案）》明确规定，不论是已婚夫妻还是未婚伴侣，在双方同意下使用辅助生殖技术所生的子女，均应被推定为该夫妻或伴侣的法定婚生子女，与通过一般性行为所生的法定子女有同等的权利。[2] 又如，美国的加利福尼亚州规定，根据其家事法典[3]，母亲与子女的关系因分娩行为而成立，但同时，根据其判例法，该州最高法院认为分娩与血缘关系都是母亲子关系的可能来源。当这两个判断标准得出不同的结果时，法院将视代孕合同的内容判断谁有抚养孩子的意愿。法院在检视代孕合同时，注重于对有意向的父母和代理孕母的合意的审查。

---

[1]《英国人类生殖与胚胎研究法》（1990 年版）第 30 条第 5 项规定："法院必须确信该子女之父亲（包括本法第 28 条之规定为父亲者，非有意向的父亲）及代理孕母皆已完全了解该命令的内容，并自由地、无条件地同意该命令之作成。"

[2] 对于代理孕母是否可以被视为代孕儿童的母亲，则有许多争议。目前，印度立法对这一问题尚无定论，但是在实务中，无论代孕儿童是否先取得印度国籍，其在印度的身份在取得有意向的父母所属国之国籍后当然消减。See Usha Rengachary Smerdon and Crossing Bodies, "Crossing Borders: International Surrogacy Between the United States and India", 39 Cumb. L. Rev. 15.

[3] 美国 2002 年颁布了《统一亲子法》（UPA），目前已有 9 个州加以适用，分别为亚拉巴马州、特拉华州、新墨西哥州、北达科他州、俄克拉荷马州、得克萨斯州、犹他州、华盛顿特区以及怀俄明州。但是加利福尼亚州并未适用，因此加利福尼亚州的亲子关系规则适用其州家事法典。

而一般代孕合同中都会载明由有意向的父母取得亲子关系。基于有意向的父母将代孕儿童带来世上的事实,法院一般倾向于赋予亲子关系约定条款极大的效力。[1]

由于上述亲子关系证明内容差异的存在,在跨国代孕案件中,往往会出现儿童接收国拒绝承认儿童出生国亲子关系证明的情形,从而导致代孕儿童无法确定其法定父母。

(二) 确定亲子关系的判决

在实践中,为保证儿童接收国确认代孕儿童的身份,有意向的父母通常在代孕儿童出生后在儿童出生国启动司法程序,申请获得承认其亲子关系的法律判决。然而,即便有意向的父母在儿童出生国已经取得确认其与代孕儿童亲子关系的判决,儿童接收国仍有可能拒绝承认这一判决。

例如,2011年4月,法国最高法院根据公共政策保留原则,拒绝了两个美国作出的关于跨国代孕亲子关系确认的判决的执行。两个案件都涉及法国已婚夫妻在美国进行代孕而产下代孕儿童,并分别在该州通过判决确立了亲子关系。在这两个案件中,有意向的父母为了给代孕儿童办理法国公民身份记录而要求法国领事机关执行该判决。法国领事机关根据美国判决为代孕儿童进行了法国公民身份登记。然而,法国政府认为这些登

---

[1] 另外,需要注意的是,虽然当事人的合意是十分重要的判断标准,但法院最根本的判断标准是儿童最佳利益原则。而代孕儿童最佳利益的考量可能包括经济能力、家庭环境以及代孕儿童是否有健全成长的机会等。因此,加州代孕中亲子关系的确定主要依据三原则:第一,分娩或血缘联系;第二,当事人合意;第三,儿童利益最大化原则。而加州基本上是通过判例法构成了对代孕的规制体系,虽然其立法未明确规定跨国代孕中的亲子关系问题,但是上述三原则同样适用。See Steven H. Snyder, "United State of America", in Katarina Trimming and Paul Beaumont (eds.), *International Surrogacy Arrangements-Legal Regulation at the International Legal*, Hart Publishing, 2013, 1st. ed., p.387.

记无效，因为其违反了法国公共政策。[1]

二、跨国代孕中亲子关系认定问题产生的原因

从上述跨国代孕中亲子关系认定的立法和司法实践中其实可以总结出跨国代孕亲子关系认定问题产生的原因：儿童接收国与儿童出生国关于代孕和亲子关系认定的立法存在冲突。

（一）接收国禁止代孕

根据前文所述，跨国代孕产生的主要原因之一即各国对于代孕的合法化持不同态度。因此，在实践中，许多有意向的父母为规避本国禁止代孕的立法或禁止商业代孕的立法而前往对代孕持更宽松态度的国家进行代孕。在此种情形下，当有意向的母亲向其来源国也就是代孕儿童接收国申请确认其与代孕儿童之间亲子关系时，往往会被儿童接收国以违背公共政策或者国内法为由强行加以拒绝。

例如，发生在日本"Kobe Yasunao 和 Yoko Kondo 案"。[2]在"Kobe Yasunao 和 Yoko Kondo 案"中，Kobe Yasunao 和 Yoko Kondo 这对日本夫妇在五十多岁时前往美国加利福尼亚州进行了妊娠型代孕，他们将捐献者的卵子和日本丈夫的精子结合植入代理孕母的子宫，并于 2002 年获得双胞胎。美国加利福尼亚州的一个法院为这对日本夫妇颁发了承认其为代孕双胞胎父母的出生证明。随后，这对夫妇在美国加利福尼亚州向日本领事馆

---

[1] See Louis Perreau-Saussine and Nicolas Sauvage, "France", in Katarina Trimming and Paul Beaumont (eds.), *International Surrogacy Arrangements-Legal Regulation at the International Legal*, Hart Publishing, 2013, 1st. ed., p. 119.

[2] 前文提到的"向井亚纪案"也是日本作为接收国禁止代孕而产生亲子关系认定纠纷的典型案件。详见第二章第二节第二部分对日本关于代孕法律规制的介绍。

申请双胞胎的出生登记，日本领事馆承认其亲子关系。但是他们的申请遭到日本政府的拒绝。Kobe Yasunao 和 Yoko Kondo 遂向日本法院起诉。2004年，一个家事法院支持了政府的决定，拒绝他们的申请，理由是生育双胞胎的妇女才是他们的母亲。2005年，大阪高级法院和日本最高法院都确认了该家事法院的决定。[1]

（二）接收国亲子关系认定规则与出生国不一致

导致接收国拒绝承认出生国作出的亲子关系证明或确认亲子关系的判决的另一个法律冲突是接收国亲子关系认定规则与出生国不一致。由于家事法领域国内实体法规则的冲突极大，即使接收国和出生国都允许代孕，在亲子关系的认定规则上仍可能存在差异，这种差异也有可能导致接收国不承认有意向的父母与代孕儿童之间的亲子关系。

例如，2008年的"X and Y（Foreign Surrogacy）案"。[2]在该案中，一对英国的有意向的父母到乌克兰寻求代孕，与一位已婚的乌克兰妇女达成代孕合同，后通过植入有意向的父亲的精子与捐献的卵子结合的受精卵，该乌克兰妇女产下一对双胞胎。虽然英国和乌克兰都允许代孕，但根据英国法律，代理孕母即该乌克兰妇女及其配偶是代孕儿童的法定父母；而根据乌克兰法律，有意向的父母即该英国夫妇为代孕儿童的法定父母。问题遂产生于有意向的父母向英国申请亲子关系命令之时。英国可以通过亲子关系命令转移亲子关系，但是亲子关系命令的申请必须经亲子关系转移前的法定父母即代理孕母夫妇双方同

---

[1] See Marcelo De Alcantara, "Japan", in Katarina Trimming and Paul Beaumont (eds.), *International Surrogacy Arrangements: Legal Regulation at the International Legal*, Hart Publishing, 2013, 1st. ed., p.251.

[2] X and Y (Foreign Surrogacy) EWHC 3030.

意才可以作出。[1]因此，英国法院指必须确信乌克兰夫妇皆同意该代孕合同，但在本案中，代理孕母的丈夫并未表示同意。因此，法院指派的临时监护人指出，本案中有意向的父母没有亲子关系命令申请权。

第二节　跨国代孕中亲子关系认定的国内法方式

虽然在跨国代孕亲子关系认定方面，各国存在极大差异，也因此导致了跨国代孕亲子关系认定的难题。但大多数国家都认同一点，即一旦代孕儿童出生，各国应尽量保证该儿童不会处于无父母状态。因此，即便接收国拒绝承认出生国作出的亲子关系证明或确定亲子关系的判决，双方也可以通过其他方式来促使代孕儿童身份的确认。

一、公共政策与儿童利益最大化原则

在跨国代孕亲子关系认定的问题即接收国拒绝承认亲子关系证明或确认亲子关系的判决，而其拒绝的理由往往是公共政策保留。但是，由于跨国代孕亲子关系的认定涉及代孕儿童的利益，因此，即使是禁止代孕的国家也倾向于优先适用儿童利益最大化原则。

例如，在英国，商业代孕是不合法的，但是在涉及儿童利益时，法院表明儿童利益优于公共政策而适用。在跨国代孕中，英国的赫德利法官表示，禁止代孕的态度不能影响儿童利益，

---

[1] See Michael Wells-Greco, "United Kingdom", in Katarina Trimming and Paul Beaumont (eds.), *International Surrogacy Arrangements: Legal Regulation at the International Legal*, Hart Publishing, 2013, 1st. ed., p.370.

因此，一旦涉及代孕儿童的亲子关系，儿童利益将被首要考虑。这一观点被越来越多的国家所认可。例如，瑞士的圣加仑州更高行政法院（The Higher Cantonal Administrative Court of St. Gallen）认为，基于儿童最大利益原则，根据美国的出生证明，两个有意向的父亲应当被注册为跨国代孕儿童的法律上的父亲。[1]

但也有国家认为对代孕儿童亲子关系的承认是对代孕的变相承认。如在法国，即使在《欧洲人权公约》有相关判例的情形下，法国仍表示不会引用那些判例。法国表示其不会改变国内法对代孕的态度，而且政府也不希望跨国代孕下代孕儿童的身份被自动录入到法国记录，因为这相当于接受代孕和使代孕在法国正常化。不过法国也意识到这可能没有考虑出生在外国的代孕儿童的亲子关系。甚至在欧洲人权法院判决法国的拒绝承认违反人权之后，时任法国总理的瓦尔斯仍明确表示法国不会吸收这些判决，即法国将不会改变其国内法对代孕的禁止。瓦尔斯也注意到了禁止代孕带来的问题的复杂性，但其仍坚持拒绝承认代孕儿童的身份，"因为这相当于接受代孕和使代孕正常化"。[2]然而，由于大量的法国伴侣在国外进行代孕，在过去的几年里，法国禁止代孕的态度遭到了质疑，并被交由最高国际机关讨论。一方面，上议院会议于2008年提出了一个极详细的报告，报告得出的结论认为应当在特定情形下允许代孕并对其进行严格规制。因此，在2010年初，上议院起草了两个代孕

---

[1] Permanent Bureau of the Hague Conference of Private International Law, *Annex II of A Study of Legal Parentage and Issues Arising from the International Surrogacy Arrangement*, Prel. Doc. No 3C of March 2014, pp. 1~3.

[2] Permanent Bureau of the Hague Conference of Private International Law, *Annex II of the Parentage/Surrogacy Project - an Updating Note*, Prel. Doc. No 3A of February 2015, para. 3.

法令，但这两个法令尚未被讨论。另一方面，法国的《生命伦理法》于 2011 年开始进行修订。法国行政法院作为政府顾问于 2011 年 5 月举办了关于《生命伦理法》修订案的研究报告，该报告对禁止代孕提出了质疑，但同时也认为应当禁止有意向的母亲和代孕儿童建立母子关系。遗憾的是，于 2011 年 7 月实施的《生命伦理法（修正案）》，并未对禁止代孕做出任何改变。

二、冲突规范的适用

由于代孕涉及公共政策问题，因此，实践中往往直接适用公共政策来认定有意向的父母与代孕儿童的亲子关系。但是也有少数司法实践显示，在跨国代孕亲子关系认定案件中适用冲突规范。例如，在德国 2009 年的一个跨国代孕案件中，纽伦堡检察长拒绝在涉及父亲和代孕儿童的亲子关系时适用公共政策保留，而是适用了外国法（俄罗斯法），最终承认了有意向的父亲和代孕儿童的亲子关系。[1]

虽然目前在实践中较少适用冲突规范来认定跨国代孕亲子关系，但是海牙国际私法会议正在计划制定跨国代孕亲子关系的统一冲突法规则，相信这一方式将会受到越来越多的关注。

第三节　跨国代孕中亲子关系认定的国际实践

对于跨国代孕中的亲子关系，虽然国内法注重对儿童权利的保护，但囿于对国内公共政策的维护，始终无法达成统一的规则或实

---

[1] See Susannel Gossl, "Germany", in Katarina Trimming and Paul Beaumont (eds.), *International Surrogacy Arrangements: Legal Regulation at the International Legal*, Hart Publishing, 2013, 1st ed., p. 140.

践。因此，国际社会开始从国际统一的角度来看待这一问题。

一、统一国际私法规则的拟定

海牙国际私法会议"亲子关系/代孕计划"（Parentage/Surrogate Project）的最终目的即达成关于跨国代孕中亲子关系认定的统一国际私法规则。开始关注跨国代孕中亲子关系认定的国际规制。海牙国际私法会议向世界范围内大多数国际组织、国家和法律、医疗事业工作者以及有意向的父母和代理孕母等个人广发调查问卷，并根据收集到的回复，完成了跨国代孕相关问题的研究报告，进而在此报告的基础上分析了对亲子关系和跨国代孕引起的问题进行国际层面规制的必要性和可行性。[1] 海牙国际私法会议认为，当前在由亲子关系及跨国代孕引起的问题上，各国的法律规制或态度差异极大，达成统一实体法较为困难，但是可以从国际私法角度，尝试确立统一的国际私法规则。[2] 到目前为止，已开展了6次专家组会议对此议题进行讨论，相关草案雏形已现。[3] 而且海牙国际私法会议的工作引起了各国对跨国代孕的关注，极大地推动了跨国代孕的法律规制进程。

---

[1] See Permanent Bureau of the Hague Conference of Private International Law, *Questionnaire 1 to 4 on the Private International Law Surrounding the Statues of Children including Issues Arising from International Surrogacy Arrangement*.

[2] See Permanent Bureau of the Hague Conference of Private International Law, *The Desirability and Feasibility of Further Work on the Surrogacy Project*, Prel. Doc. No 3B of March 2014, para. 33.

[3] 海牙国际私法会议分别于2016年2月、2017年2月、2018年2月、2018年9月、2019年2月以及2019年11月召开了六次专家组会议，其中跨国代孕亲子关系的认定是专家组商讨的一大主题。参见 https://www.hcch.net/en/projects/legislative-projects/parentage-surrogacy, last visited on July 9, 2020.

(一) 制定跨国代孕亲子关系认定相关公约的必要性和可行性

2014年3月,海牙国际私法会议常设局起草了关于"亲子关系/代孕计划进一步工作的必要性和可行性"报告(以下简称2014年3B报告),其中附加有"跨国代孕中亲子关系认定问题研究"的初步结论。而2014年3B报告所指的"进一步工作"即海牙国际私法会议2014年大会指出的在涉外亲子关系认定这个问题上起草多边国际公约。其中,跨国代孕中亲子关系的认定属于这一主题中的一个特殊的子命题。海牙国际私法会议认为当前制定跨国代孕中亲子关系认定的国际公约极有必要,而且也有达成公约的可行性。

1. 必要性

2014年3B报告指出有必要就跨国代孕中的亲子关系问题制定专门的国际公约。因为:第一,各国关于跨国代孕中亲子关系的规制差别极大,这给联邦层面和区域层面实体法的协调增加了难度,也使得在不同法律体系之间架起桥梁的国际层面工作的重要性变得清晰。第二,各国关于跨国代孕中亲子关系的国际私法在许多重要的方面规定不同,尽管一些相关的双边的、区域性的和国际的工作正在朝着统一的国际私法规则努力,但是本领域尚无综合性的、全球范围内的统一国际私法规则。第三,当儿童与不止一个国家有联系或者进行了跨国移动,国内和国际私法规则可能引起这些儿童亲子关系的确立或承认以及国籍的获取等问题。第四,儿童处于"跛脚的"亲子关系或处于无国籍状态。[1]

---

[1] See Permanent Bureau of the Hague Conference of Private International Law, *The Desirability and Feasibility of Further Work on the Surrogacy Project*, Prel. Doc. No 3B of March 2014, para. 33.

当前，跨国亲子关系问题已经在众多国家产生，这些亲子关系的问题既包括由非代孕行为引起的亲子关系问题也包括由代孕行为引起的亲子关系问题，而这些问题在代孕情形中变得更为尖锐。因此，制定跨国代孕下亲子关系的国际公约是极有必要的。[1]

2. 可行性

对于跨国代孕统一冲突法规则制定的可行性，海牙国际私法会议认为其取决于成员国和其他利益相关者对制定跨国代孕公约的进一步工作的看法。海牙国际私法会议通过对相关国家发布问卷调查搜集了许多国家的观点：第一，对于未来公约的范围，一些国家明确表明了对制定亲子关系的统一国际私法规则的支持。例如，加拿大、德国、波兰、立陶宛和斯洛伐克。其中，一些国家表明应优先考虑或者单独考虑跨国代孕安排下的亲子关系问题的规制。例如，德国、拉脱维亚、立陶宛和塞尔维亚。对此，一些国家明确其将考虑统一的适用法规则或者承认外国亲子关系判决。第二，对于未来公约的性质，所有国家都表明了期望制定一个有约束力的国际公约，例如加拿大、哥伦比亚、芬兰、爱尔兰、以色列和塞尔维亚。然而，一些国家也表示，对于跨国代孕应采用"软法"的方法，例如无约束力的原则或指导方针应当首先被考虑。这一点为许多有威望的律师所赞同。大多数律师均表示一个有约束力的公约将是最终的目标，

---

[1] See Permanent Bureau of the Hague Conference of Private International Law, *A Study of Legal Parentage and Issues Arising from the International Surrogacy Arrangement*, Prel. Doc. No 3C of March 2014, para. 148.

但当前制定无约束力的原则或指导方针的方法将会很有用。[1]

可见,在公约的两个基本问题(即公约的范围和性质)上,许多国家都表现出了较一致的倾向。因此,对于跨国代孕安排中的亲子关系,有制定国际公约的可行性。

(二)跨国代孕亲子关系认定规制的内容

在确定了对跨国代孕中亲子关系认定问题采用国际统一方法进行规制具有可行性和必要性之后,2015年海牙国际私法会议大会和常设局决定成立相关问题的专家组。[2]及至2019年11月,第六次专家组会议结束,专家组已经就跨国代孕中亲子关系认定问题国际公约的形式、立法方法、核心内容以及公约效力等问题有了基本定论。

1. 文书的形式

海牙国际私法会议对跨国代孕的探讨是从一般亲子关系的规制中衍生出来的。其最初的意图是确定涉外亲子关系的国际私法规制方法,后因跨国代孕中的亲子关系认定较之一般亲子关系更复杂且兼具特殊性,所以海牙国际私法会议开始将跨国代孕中亲子关系的认定作为一般亲子关系中的一个特殊议题进行研究。那么,一般亲子关系的国际私法规则能否适用于跨国代孕中亲子关系的认定?

2018年2月第三次专家组会议之前,对此问题的观点尚不能明确,一些专家认为仅设置一套统一规则更好,另一些专家

---

[1] See Permanent Bureau of the Hague Conference of Private International Law, *A Study of Legal Parentage and Issues Arising from the International Surrogacy Arrangement*, Prel. Doc. No 3C of March 2014.

[2] See https://www.hcch.net/en/projects/legislative-projects/parentage-surrogacy, last visited on July 9, 2020.

认为有必要单独为跨国代孕中的亲子关系认定另辟一套规则。[1]在第三次专家组会议上，专家组统一认可应对跨国代孕中亲子关系的认定制定单独的规则，尤其要着重从国际层面考虑此问题，并关注跨国代孕中的公共政策，比如跛脚亲子关系、潜在的剥削等。[2]

更进一步，在这次专家组会议上，专家们还探讨了以何种形式对于跨国代孕中亲子关系认定进行特定规制，有的专家支持任意议定书（Optional Protocol）的形式，专家们还探讨了选择加入和选择退出这一议定书的机制。[3]而且，各国可以同时成为一般亲子关系国际公约和跨国代孕亲子关系任意议定书的缔约国，也可以在这两者之间任意择一。[4]

2. 立法方法

关于议定书的立法方法，海牙国际私法会议较明确地表示了其拟制定的议定书将通过国际私法规则来进行规制，是关于管辖权和法律适用的公约，即统一冲突法公约，而不是统一实体法公约。这是因为，各国国内法的差异巨大，难以达成统一实体法公约。而冲突法本身即具有在两大不同法律体系之间搭建桥梁的作用，因此，在各国国内法差异较大的情形下，未来公约的立法方法将是制定统一的冲突法公约。

---

[1] See Experts' Group on Parentage/surrogacy Project, Report of the Experts' Group on Parentage/surrogacy Project, No 2 of February 2018, para. 44.

[2] See Experts' Group on Parentage/surrogacy Project, Report of the Experts' Group on Parentage/surrogacy Project, No 2 of February 2018, para. 45.

[3] See Experts' Group on Parentage/surrogacy Project, Report of the Experts' Group on Parentage/surrogacy Project, No 2 of February 2018, para. 46.

[4] See Experts' Group on Parentage/surrogacy Project, Report of the Experts' Group on Parentage/surrogacy Project, Prel. Doc. 2 of November 2019, para. 42.

3. 主要内容

当前专家组关于跨国代孕中亲子关系议定书的主要内容的探讨集中在跨国代孕中亲子关系认定的间接管辖权依据上,即对外国作出的代孕亲子关系认定判决承认的条件上。

在2017年2月召开的第二次专家组会议上,专家们讨论了跨国代孕亲子认定案件中直接管辖权和间接管辖权的依据。对于直接管辖权,大多数专家认为应当采用可选择的或者联动的方法,设立多个直接管辖权依据,[1]并对一些可能的连接因素的优缺点进行了探讨。例如,出生国、代理孕母的惯常居所地国、儿童的国籍或者惯常居所地国以及一方或双方有意向的父母的国籍或者惯常居所地国。[2]但是,专家组一致认为存在缺乏直接管辖权依据的情形,此时为保障代孕儿童身份的连续性,间接管辖权的行使即承认外国法院关于亲子关系认定的判决将是一个可行的且更具灵活性的方法。[3]同时,专家组还指出,因为承认和执行外国作出的跨国代孕方面的不同于司法判决的决定或命令比承认和执行外国法院判决更具有挑战性,所以应当针对这种决定或命令采取不同的规制方法。[4]

在随后的几次专家组会议中,各方代表对间接管辖权的行使依据以及外国代孕亲子关系认定的决定或命令的规制方法做

---

[1] 少数专家认为应当设立单一的直接管辖权依据,以便更简单地确立管辖权。See Experts' Group on Parentage/surrogacy Project, Report of the Experts' Group on Parentage/surrogacy Project, No 2 of February 2017, para. 30.

[2] See Experts' Group on Parentage/surrogacy Project, Report of the Experts' Group on Parentage/surrogacy Project, No 2 of February 2017, para. 30.

[3] See Experts' Group on Parentage/surrogacy Project, Report of the Experts' Group on Parentage/surrogacy Project, No 2 of February 2017, para. 31.

[4] See Experts' Group on Parentage/surrogacy Project, Report of the Experts' Group on Parentage/surrogacy Project, No 2 of February 2017, para. 32.

了重点讨论。大多数专家同意，在代孕儿童出生之后，当跨国代孕起源国[1]作出的判决符合议定书规定的条件时，即符合间接管辖权行使的依据时，该判决应在其他所有缔约国得到承认。目前，这些依据具体有哪些尚待商定，但有几个依据使专家组进行了讨论。第一，跨国代孕安排订立和执行时，跨国代孕安排的起源国规定代孕合法。[2]第二，在整个跨国代孕过程中，代理孕母是自由和知情的。这一点得到了专家组的一致认可，但是对于代理孕母自由和知情的具体程度却存在一定争议。[3]第三，保留代孕儿童出生的相关资料，并在必要的时候协助代孕儿童获得这些资料。这一点争议较大，大多数专家代表认为这一项可以作为跨国代孕中相关国家或机构的一般义务，不必作为承认判决的依据。[4]

虽然间接管辖权的行使依据尚未有定论，但是从专家组的讨论可以看出，这种依据必然不是单一的，因此一些专家认为，承认判决需要符合多重条件的这种做法可能会破坏议定书的保证代孕儿童亲子关系连贯性的首要目标。因为未能满足议定书的一个条件而导致代孕儿童亲子关系的判决得不到承认，造成

---

[1] 跨国代孕的起源国是指代理孕母的经常居所地国、代孕安排依据其法律订立的国家以及各方都期待的代孕儿童的出生国。See Experts' Group on Parentage/surrogacy Project, Report of the Experts' Group on Parentage/surrogacy Project, Prel. Doc. 2 of November 2019, para. 30.

[2] See Experts' Group on Parentage/surrogacy Project, Report of the Experts' Group on Parentage/surrogacy Project, Prel. Doc. 2 of November 2019, para. 31.

[3] See Experts' Group on Parentage/surrogacy Project, Report of the Experts' Group on Parentage/surrogacy Project, Prel. Doc. 2 of November 2019, para. 32.

[4] See Experts' Group on Parentage/surrogacy Project, Report of the Experts' Group on Parentage/surrogacy Project, Prel. Doc. 2 of November 2019, para. 33~34.

跛脚亲子关系，那么议定书的制定意义将大打折扣。[1]有专家建议，在规定间接管辖权依据之外，规定一些保障措施作为不承认的理由和（或）一般性义务。[2]

4. 议定书的性质

关于议定书的性质，从海牙国际私法会议进行调查后的结果即可看出，大多数国家表达了制定有约束力的议定书的期望，即使有些国家认为对于跨国代孕安排应先采用软法措施，制定无约束力的规则，但这些国家或学者也表明了这种软法措施仅是在初级阶段适用，以缓和跨国代孕的激烈冲突。从长远角度来看，仍应当制定有约束力的议定书。及至第二次专家组会议，专家代表们都较为认可有约束力的这一观点，因为这样才能满足现实的、实际的需求。[3]

除此之外，专家组还在议定书草案中界定了"代孕""跨国代孕"以及"跨国代孕中的亲子关系"等相关术语；一致认为为促进代孕过程的透明度，更好地保护各方的权益，代孕合同应采用书面形式且必须事先作出。[4]总之，经过海牙国际私法大会和常设局前期的工作以及 6 次专家组会议的探讨，当前就跨国代孕中亲子关系认定将采用任意议定书的形式，且议定书的草案已初具雏形。根据第六次专家组的建议，后续将至少再召开两次专家组会议，并将于 2022 年 3 月向大会进行报告，以

---

[1] See Experts' Group on Parentage/surrogacy Project, Report of the Experts' Group on Parentage/surrogacy Project, Prel. Doc. 2 of November 2019, para. 38.

[2] See Experts' Group on Parentage/surrogacy Project, Report of the Experts' Group on Parentage/surrogacy Project, Prel. Doc. 2 of November 2019, para. 38.

[3] See Experts' Group on Parentage/surrogacy Project, Report of the Experts' Group on Parentage/surrogacy Project, No 2 of February 2017, para. 36.

[4] See Experts' Group on Parentage/surrogacy Project, Report of the Experts' Group on Parentage/surrogacy Project, Prel. Doc. 2 of November 2019, para. 27.

便大会就是否继续推进此项目做出最终决定。另外，专家组还建议在一个较小规模专家组的协助下进行闭会期间工作，以改进"一般亲子关系认定公约"和"跨国代孕亲子关系认定议定书"条款的起草工作。

海牙国际私法会议当前的"亲子关系/代孕计划"（Parentage/Surrogate Project）是当前国际上针对跨国代孕法律规制力度最大的项目。虽然海牙国际私法会议相关工作的展开仅限于跨国代孕中亲子关系的认定，但是其前期的信息搜集以及对跨国代孕亲子关系相关内容延展性地探讨对跨国代孕中亲子关系认定之外问题的研究也很有意义。而且海牙国际私法会议作为国际私法领域最有影响力的国际组织之一，其对跨国代孕的相关工作也在国际上引起了很大的反响，促进了跨国代孕甚至很多国家国内代孕的立法规制的进程。

二、当事人实体权利的直接保护

国际社会关于跨国代孕亲子关系的认定还有另一种实践，即通过司法判例或者统一实体法公约直接保护当事人实体权利。这两种方式分别体现于欧洲人权法院和联合国的实践。

（一）欧洲人权公约的司法判例

近几年，欧洲人权法院在跨国代孕的规制方面做出了重要贡献。其在"曼尼森诉法国案"和"拉巴斯诉法国案"中作出的判决以及对"帕拉迪索和坎帕内利诉意大利案"的处理方式确立了欧洲人权法院处理跨国代孕案件的规则，即保护当事人基本权利。

1. "曼尼森诉法国案"和"拉巴斯诉法国案"

在 2014 年 6 月，欧洲人权法院作出了"曼尼森诉法国案"[1]和"拉巴斯诉法国案"[2]这两个跨国代孕案件的判决。这两个案件都涉及法国拒绝承认代孕儿童在美国合法建立的亲子关系。两个案件的具体案情如下：

分别在 2000 年和 2001 年，两对法国已婚夫妇曼尼森夫妇和拉巴斯夫妇通过在美国代孕拥有了自己的子女。两个跨国代孕使用的都是有意向的父亲的精子和捐献者的卵子。加利福尼亚州和明尼苏达州作出的判决分别认定有意向的父母为代孕儿童的法定父母。然而，法国当局拒绝为代孕儿童进行出生登记。两对夫妇遂向法院起诉。2011 年 4 月，他们的诉求在终审中被法国法院驳回。法国终审法院认为，如果将代孕儿童的出生进行登记不仅违背了法国法的基本原则，而且会对法国民法典中以公共政策为由而认定的代孕合同无效的条款产生影响。两对夫妇遂向欧洲人权法院提起诉讼，认为法国政府损害了《欧洲人权公约》第 8 条赋予他们的尊重私人和家庭生活权。欧洲人权法院认为法国政府没有侵犯有意向的父母的家庭生活权，但是侵犯了代孕儿童的家庭生活权。[3]

具体而言，欧洲人权法院从是否存在《欧洲人权公约》第 8 条规定的家庭生活和私生活、法国政府的行为是否侵犯了有意向的父母和代孕儿童的私人和家庭生活受尊重权几方面作出了判决：

---

[1] Menesson v. France, Decision of 26 June 2014, Application No. 65192/11.

[2] Labassee v. France, Decision of 26 June 2014, Application No. 65941/11.

[3] Paul Beaumont and Katarina Trimmings, "Recent Jurisprudence of the European Court of Human Rights in the Area of Cross-border Surrogacy: Is There Still a Need for Global Regulation of Surrogacy?", *64 International and Comparative Law Quarterly* 39~63 (2015).

第一，第8条规定的家庭生活和私生活的存在。欧洲人权法院认为案件确实涉及第8条规定的家庭生活和私生活。对于家庭生活，法院认为曼尼森夫妇自代孕儿童出生后即被看作是其法定父母，而且，他们与代孕儿童也可以被认为是以"家庭生活"的方式生活在一起。对于私生活，法院认为对私生活的尊重赋予了一个人确立起具体身份的权利，这种身份权包括亲子关系的确立。因此，欧洲人权法院认为曼尼森确实涉及《欧洲人权公约》第8条规定的家庭生活和私生活受到尊重的权利。

第二，对尊重私人和家庭生活权的干预。法国政府并不否认其拒绝登记的行为属于对曼尼森夫妇尊重家庭生活权的干预，欧洲人权法院也认同这一点。但是，欧洲人权法院还认为，在当前的案件中，法国政府的行为不仅干预了家庭生活权也干预了私生活权。但是，欧洲人权法院还认为，这种干预如果是"根据法律作出的"或者"符合第8条的立法目的"或者"在民主社会里是必要的"，则不违背第8条的规定。[1]

而欧洲人权法院注意到，尽管法国国内法没有明确禁止承认有意向的父母和代孕儿童之间的亲子关系的规则，但是《法国民法典》第16-7条和16-9条明确规定代孕合同违背公共政策，因而无效。因此，法国政府拒绝登记的行为符合法律规定。

同样，欧洲人权法院认为法国政府的行为符合《欧洲人权公约》第8条第2款中的两个立法目的：保护健康和保护他人的权利与自由。因为，欧洲人权法院注意到，法国政府拒绝承认有意向的父母和代孕儿童之间亲子关系是因为法国国内法禁止代孕，而其禁止代孕的原因在于保护代理孕母和儿童。

---

[1] See Mennesson v. France, Decision of 26 June 2014, Application No 65192/11, par. 48.

然后，欧洲人权法院开始关注法国政府的行为是否是在民主社会里必须为的行为。欧洲人权法院注意到，在欧洲理事会成员国之间，对于代孕没有一致的处理方式。尤其是针对代孕导致敏感的伦理和道德问题，各成员国都留下了广泛的空白。然而，这种空白在个人身份认定上受到限制。代孕中的亲子关系认定涉及个人身份的必要方面。在此情形下，两方相互矛盾的利益处于危险之中，即各国需要在国家利益和申请者的利益之间达成平衡。在这一过程中，国内法院被期待充分尊重申请者的私生活和家庭生活权以及考虑儿童最佳利益这一基本原则。

而对于法国政府的行为是否违背《欧洲人权公约》第8条，欧洲人权法院从有意向的父母和代孕儿童的视角分别看待这一问题。

第三，对有意向的父母家庭生活和私生活权的侵犯。对于有意向的父母，欧洲人权法院认为不承认有意向的父母和代孕儿童之间的亲子关系必然会对有意向的父母的家庭生活产生影响。然而，有意向的父母面临的困难不是压倒性的，没有排除他们对家庭生活权的享有。特别是有意向的父母可以在代孕儿童出生后立即将其带回法国，并且在法国享有与其他家庭相似的家庭条件。而且，没有迹象表明他们将被法国政府分开。因此，欧洲人权法院认为，法国政府在有意向的父母的利益和国家利益之间达成了平衡。法国政府的行为未违背有意向的父母的家庭生活受尊重权。

第四，对代孕儿童的私生活权的侵犯。对于代孕儿童的私生活受尊重权，欧洲人权法院得出了相反的结论。欧洲人权法院再次强调个人身份与私生活受尊重之间的联系，而亲子关系的确定是个人身份认定的重要方面。法国法拒绝承认有意向的父母与代孕儿童之间的亲子关系,使得代孕儿童的身份处于不确定的状态,这也影响了其在法国社会中的身份,例如国籍和继承权。尽管有意向的父亲是代孕儿童血缘上的父亲,但是代孕儿童无法获得法国国籍。另外,代孕儿童的继承权也将受到影响,他们将只能作为遗产受赠人获得有意向的父母的遗产,而不能成为法定继承人。因此,欧洲人权法院认为代孕儿童的私生活受尊重权受到了极大影响,在这种情况下,法国政府的行为明显地违反了儿童利益最大化的基本原则。

2. "帕拉迪索和坎帕内利诉意大利案"

2015年6月,欧洲人权法院作出了关于跨国代孕的另一个重要判决,即关于"帕拉迪索和坎帕内利诉意大利案"[1]的判决。该案案情如下:

多纳蒂娜·帕拉迪索女士和乔万尼·坎帕内利先生是一对意大利籍的已婚夫妇,2010年,该夫妇与支付俄罗斯籍代理孕母50 000欧元,寻求其代孕服务,并最终通过代孕产下一名代孕儿童。根据俄罗斯法,多纳蒂娜·帕拉迪索女士和乔万尼·坎帕内利先生被登记为该代孕儿童的父母,但是在该代孕儿童的出生证明上未注明其是通过代孕出生。意大利驻俄罗斯使馆为该儿童发布了旅游文件,允许多纳蒂娜·帕拉迪索女士和乔万尼·坎帕内利先生携带代孕儿童回国。回国后,这对有意向的父母向意大利相关部门申请为代孕儿童进行出生登记,但是他们的请求被意大利当局拒绝,因为该代孕儿童的出生文件上未注明其是通过代孕而出生这一事实。而且,这对有意向的父母还因为这一情形而被指控虚报公民身份。而且,经过DNA测

---

[1] See Paradiso and Campanelli v. Italy, Decision of 27 January 2015, Application No 25358/12.

试,有意向的父母与代孕儿童无血缘关系,因此,意大利未成年法院决定迅速将代孕儿童从这对有意向的父母身边带走。最终,该代孕儿童被安置在儿童之家,有意向的父母未被告知该儿童的位置,也不被允许进行探视。由于有意向的父母与代孕儿童之间没有血缘关系,意大利当局认为这应当被认定为是跨国收养案件而不是跨国代孕案件。进而,意大利未成年人法院认为有意向的父母无权收养该代孕儿童。有意向的父母遂基于《欧洲人权公约》第8条向欧洲人权法院起诉,认为意大利当局拒绝承认其与代孕儿童在俄罗斯确立的亲子关系,并将代孕儿童带离其身边违背了《欧洲人权公约》第8条赋予他们的私生活和家庭生活受到尊重的权利。

这个案件也涉及有意向的父母所在国不承认代孕儿童出生国作出的亲子关系的文件,但是该案与"曼尼森诉法国案"和"拉巴斯诉法国案"有两个关键不同之处:第一,有意向的父母与代孕儿童没有血缘关系;第二,有意向的父母未用尽当地救济。因此,在本案中,欧洲人权法院以未用尽当地救济为由驳回了有意向的父母的诉讼。但是欧洲人权法院认为,有意向的父母和代孕儿童之间有事实上的家庭生活。但尽管如此,欧洲人权法院还认为意大利带离代孕儿童的行为符合法律也符合《欧洲人权公约》第8条第2款规定的防止混乱的立法目的。但其不是文明社会所必需的,因为将代孕儿童带离有意向的父母身边是一个极端的措施,其应当仅在对儿童产生了紧急危险时被采用。欧洲人权法院还批评了意大利法院以违法国内收养法为由而认定有意向的父母无权收养代孕儿童的做法。而且,该代孕儿童被带离有意向的父母,但其在之后的2年里一直没有一个正式的身份,这一行为违反了《联合国儿童公约》第7条规定的儿童权利。因此，欧洲人权法院认为意大利当局没有在国家利益和有意向的父母的利益之间达成平衡，也未考虑儿童利益最大化这一基本原则。[1]

从欧洲人权法院对这几个跨国代孕案件的处理，我们可以总结出欧洲人权法院对于跨国代孕的处理规则：第一，有意向的父母与代孕儿童之间的基因联系不是《欧洲人权公约》第8条规定的家庭生活和私生活权的必要要求。在"曼尼森诉法国案"和"拉巴斯诉法国案"中，有意向的父亲与代孕儿童有血缘关系，欧洲人权法院认定有意向的父母与代孕儿童之间存在第8条规定的家庭生活；在"帕拉迪索和坎帕内利案诉意大利"中，有意向的父母与代孕儿童没有血缘关系，但是欧洲人权法院认定他们之间存在第8条规定的家庭生活，即事实上的家庭生活。但是有学者表示，欧洲人权法院应当考虑基因联系，谨慎使用"事实上的家庭生活"概念，以便给成员国留有较宽松的自由，为成员国的不同的代孕政策留一定的空间。第二，儿童的身份与血缘上的父母有必然联系。儿童确立身份的权利反过来与《欧洲人权公约》第8条规定的私生活受尊重的权利相互关联。第三，成员国基于伦理原因禁止代孕的做法是可接受的。

（二）联合国相关统一实体法公约

在亲子关系领域，各国之间的争议极大，如上所述的区域间的统一实体法已极难达成，在国际层面达成统一实体法公约更为困难，因此，当前关于亲子关系的国际层面的统一实体法

---

[1] 但是，欧洲人权法院的这一判决并未要求意大利当局将代孕儿童返还给有意向的父母，因为该儿童已经与其现在的养父母之间建立了亲密关系。See Paul Beaumont and Katarina Trimmings, "Recent Jurisprudence of the European Court of Human Rights in the Area of Cross-border Surrogacy: Is There Still a Need for Global Regulation of Surrogacy?", *64 International and Comparative Law Quarterly* 39~63（2015）.

规则极少，仅有的两个相关的公约为《联合国儿童权利公约》和《非婚生子女母亲身份确定公约》。但值得注意的是，联合已开始关注代孕的发展，虽然其尚无起草关于代孕或关于亲子关系的统一实体法公约的计划，但已开始关注代孕中的人权保护。

1. 《联合国儿童权利公约》

在国际层面上，《联合国儿童权利公约》中规定的广为人知的儿童的权利对于法定亲子关系的实体法极为重要。其第2条、第3条、第7条、第8条以及第12条等为国内法设置了一个基本的框架。虽然这一权利框架并不追求在亲子关系的确定方面达成实体法的统一，但是对于涉及代孕以及亲子关系的确定问题，其对于儿童权利的保护在一定程度上发挥了统一实体法规则的作用。

2. 《非婚生子女母亲身份确定公约》

除《联合国儿童权利公约》外，由民事地位国际委员会（The International Commission on Civil Status，ICCS）于1962年起草的《非婚生子女母亲身份确定公约》（Convention on the Establishment of Maternal Descent of Natural Children）是关于亲子关系的统一实体法公约。该公约对于亲子关系的规范更为直接，然而，尽管该公约范围极为有限，但迄今为止，其仍只有7个缔约国，在全球范围影响较小。[1]

3. 联合国对代孕问题的新发展

近年来，随着代孕现象的日益普遍，联合国开始关注这一问题。2013年，在联合国儿童权利委员会第六十三届会议中，

---

[1] See "Convention on the Establishment of Maternal Descent of Natural Children", alivable at http://www.ciec1.org/SiteCIEC/PAGE_ Principale/nBwAAHlNQXhHQ3RyYnNLaONhBAA, last visited on March 5, 2016.

以色列[1]和美国[2]提交的报告即涉及跨国代孕的内容。委员会就这部分内容进行了讨论。而在2013年之前，联合国儿童权利委员会会议很少提到代孕。

在这之后，联合国儿童权利委员会于2014年就代孕涉及的问题进行了讨论，德国和印度就本国代孕的情况进行报告。其中，德国作为接收国，委员会关注的焦点问题是代孕儿童的法律地位，特别是采取何种方法以避免代孕儿童成为无国籍人。[3]而印度作为出生国，委员会关注的焦点是代理孕母和代孕儿童的权利保护，对于代孕儿童，委员会关注代孕儿童的法律地位、对有意向的父母的资格审查以及遗弃代孕儿童等问题。对于代理孕母，委员会关注对代理孕母的剥削利用问题。[4]对此，委员会要求印度提供其对代理孕母和代孕儿童权益进行保护的措施的相关信息。[5]

---

[1] 联合国儿童权利委员会："关于以色列提交的第二至第四次合并定期报告的结论性意见"，载 http://www.un.org/zh/documents/view_doc.asp?symbol=CRC%2FC%2FISR%2FCO%2F2-4&Submit=搜索Lang=C，最后访问日期：2016年2月28日。

[2] 联合国儿童权利委员会："关于美利坚众国根据《儿童权利公约关于买卖儿童、儿童卖淫和儿童色情制品问题的任择议定书》第12条提交的第二次定期报告的结论性意见"，载 http://www.un.org/zh/documents/view_doc.asp?symbol=CRC%2FC%2FOPSC%2FUSA%2FCO%2F2&Submit=搜索&Lang=C，最后访问日期：2016年2月28日。

[3] See Permanent Bureau of the Hague Conference of Private International Law, *A Study of Legal Parentage and Issues Arising from the International Surrogacy Arrangement*, Prel. Doc. No 3C of March 2014.

[4] 对于代孕儿童，委员会关注代孕儿童的法律地位、对有意向的父母的资格审查以及遗弃代孕儿童等问题。对于代理孕母，委员会关注对代理孕母的剥削利用问题。

[5] 参见"印度儿童权利联盟（India Alliance for Child Rights）和儿童权利中心和地球社（Centre for Child Rights and Terre Des Hommes）的意见书"，载 http://www.ohchr.org/EN/HRBodies/CRC/Pages/CRCIndex.aspx，最后访问日期：2016年2月28日。

虽然，联合国儿童权利委员会对亲子关系或代孕没有专门的立法，但是在2014年关于印度代孕的讨论中，委员会引用了《联合国儿童权利公约》的条款来规制代孕，这为《联合国儿童权利公约》适用于代孕提供了方向。而且，联合国儿童权利委员会在2014年会后表明了其观点。其认为："没有合适规则规制的商业代孕广泛发展，这产生了儿童买卖问题和侵害了儿童权利。"委员会还建议印度"确保……制定包含界定、规制及监督代孕规则的立法并且将以非法收养为目的的儿童买卖和滥用代孕判定为犯罪行为"。[1]

除此之外，欧盟也一直积极建立关于亲子关系的普通法规则。1975年欧盟出台了《非婚生子女法律地位公约》。[2]该公约规定非婚生子女与婚生子女具有平等的法律地位，这一规则符合当时欧洲的发展趋势。然而，其不能预见不断发展的社会、医学和法律。鉴于社会、医学和法律的发展，以及为满足当前家庭状况的需要，2011年欧洲理事会提出了名为《关于父母责任和儿童法律地位》的建议案。[3]建议案以儿童为关注点，尤其是该公约以《联合国儿童权利公约》的第3条为依据，儿童利益最大化原则自儿童出生那一刻至其法律地位加以确定这一期间一直适用。而且，儿童利益最大化原则将被适用于平衡"血缘联系"（biological truth）和"社会关系"（social parent-

---

[1] 参见"印度儿童权利联盟（India Alliance for Child Rights）的意见书"，载 http://www.ohchr.org/EN/HRBodies/CRC/Pages/CRCIndex.aspx，最后访问日期：2016年2月28日。
[2] 该公约当前已有23各成员国和3个签署国。
[3] See the Meeting Report of the 86th Plenary meeting of the European Committee on Legal Co-operation (CDCJ), Strasbourg, 12~14 October 2011, CDCJ 2011 15, which includes the text of the Draft recommendation and its Explanatory Memorandum.

hood），尤其是适用于 ART 下的亲子关系。[1]随着同性者亲子关系许可条款，即允许同性伴侣进行人工生殖的条款的出现，欧盟关于亲子关系的和谐基础出现了松动，因为一些国家仅允许异性伴侣进行人工生殖。对于这些争议，建议案认为，即使是同一国家的不同地区，关于亲子关系的一些问题也依然无法达成一致，因此，要达成这一领域的实体法的统一极为困难。在这一方面，欧洲议会于 2012 年 4 月 27 日提交的编号为 522 的书面申请特别指出，"代孕是对妇女和儿童人格尊严的贬低，侵犯了他们的基本权利"，这表明了达成代孕的统一实体法公约更为困难。[2]

本章小结

跨国代孕亲子关系的认定问题是跨国代孕法律问题中的重难点问题。相较于国内代孕，跨国代孕涉及的亲子关系问题更为复杂，因为在跨国代孕中通常涉及出生国与接收国之间法律的冲突，实践中最常见的问题即儿童接收国拒绝承认儿童出生国作出的亲子关系证明或者确定亲子关系的判决，从而导致代孕儿童亲子关系无法确定。

随着儿童权利保护理念的逐渐普及，对于这一问题，大多数国家或地区认为不能一味以国内禁止代孕或禁止商业代孕为由而拒绝承认有意向的父母与代孕儿童之间的亲子关系。因此，

---

[1] Permanent Bureau of the Hague Conference of Private International Law, *A Study of Legal Parentage and Issues Arising from the International Surrogacy Arrangement*, Prel. Doc. No 3C of March 2014, p. 6.

[2] European Parliamentary Assembly, Surrogate Motherhood, Doc. 12934 Second Edition of July 2012.

在国内层面有两种做法：一种是直接适用儿童利益最大化原则认定代孕儿童的亲子关系；另一种是适用冲突规范，采用法律适用的方式认定代孕儿童的亲子关系。

然而，即使国内法不一味禁止跨国代孕亲子关系的认定，其仍无法形成较为一致的做法。由此，国际社会开始考虑从国际层面对跨国代孕亲子关系的认定进行规制。其中，海牙国际私法会议试图制定统一的冲突法规则，欧洲人权法院通过当事人基本权利保护来认定跨国代孕亲子关系，联合国相关的统一实体法公约则为跨国代孕亲子关系的认定划定了底线。

第五章
我国关于代孕的法律规制及反思

我国已经形成了庞大的代孕市场,但是我国当前关于代孕行为的立法规制和代孕中亲子关系的认定规则都极为缺乏,关于代孕的相关司法实践也存在判决结果不一致的情形,这使得我国代孕中的当事人权利义务无法得到保障,因此有必要对我国关于代孕的法律规制进行完善。同时,我国是跨国代孕大国,我国很多公民去国外进行代孕,因此有必要关注跨国代孕相关情况并参与国际相关公约的拟定。

第一节 我国代孕实践的现状

1996年9月22日,在北京大学第三医院,一位代理孕母产下了中国大陆首位试管婴儿。自此,中国逐渐成为世界上代孕实践最活跃的国家之一。[1]例如,自2013年起,我国原卫生和计划生育委员会(以下简称"原计生委")陆续公布了发生在

---

[1] 由于我国禁止代孕,严厉打击医疗机构及医务人员进行代孕,因此我国的代孕行为十分隐蔽,其官方数据极为缺乏。以下总结的关于我国代孕实践的现状中的相关数据,多来源于笔者对代孕网站、媒体报道以及相关文献中现实的代孕信息的搜集整理。

北京、深圳等地的代孕。[1]而且，我国代孕市场已经形成了商业化运作，中介机构占据市场主导地位，代理孕母和有意向的父母处于弱势地位。

一、代孕中介

在互联网上输入"代孕"两个字，会出现众多代孕中介的广告和涉及代孕的媒体报道，例如，AA69代孕网、香火代孕网、如家代孕网、Mybb爱心孕育网、19292爱心代孕网、新星代孕网、久久爱心代孕网、重庆爱心代孕网、知心孕育网等。这些代孕中介分布的地区广泛，其中北京、上海、广州、深圳、武汉、长沙等地的中介机构最为发达。

代孕中介机构开展代孕中介业务的流程通常包括：①在网上发布招聘信息；②与代理孕母[2]进行联系；③对代理孕母进行面试、填妥个人信息并留下照片；④联系代理孕母与有意向的父母会面；⑤在医院进行体检；⑥体检结果无异常，双方分别与代孕中介机构签订合同，需求方交数万元中介费；⑦代理孕母服药、进行手术植入胚胎或人工授精。

另外，代孕中介机构通常向有意向的父母和代理孕母提供所谓"爱心代孕合作合同"，对代孕中出现的各种问题进行了详细的规定，包括怀孕、流产、剖腹产、保姆、怀孕期间居住地、行为限制、残疾或死亡赔偿，以及代理孕母和有意向的父母双方信息的保密等。这一合作合同实质上就是代理孕母与有意向

---

[1] 参见中华人民共和国卫生和计划生育委员会官方网站：http://www.nhf-pc.gov.cn，最后访问日期：2016年3月10日。

[2] 我国代孕中介机构通常称代理孕母为"代孕志愿者"，称代孕为"爱心代孕"、称代孕协议为"爱心代孕协议"。从这些称谓上来看，我国代孕中介机构具有公益性，但事实上，我国代孕基本上都是商业代孕。

的父母之间的代孕合同。

而且,代孕中介机构通常会向有意向的父母索取高额的代理费用。例如,国内知名代孕中介机构AA69代孕网,其创办人吕进峰自称"中国代孕之父",根据吕进峰所透露的信息,其进行一次代孕最低收入28万元。[1]

从代孕中介机构的工作流程、代孕中介机构为代理孕母和有意向的父母提供代孕合同的做法以及代孕中介机构收取的昂贵中介费用来看,在我国代孕市场中,代孕中介机构占据了市场的主导地位。

二、代理孕母

在我国,代理孕母通常在年龄、受教育情况、职业状况、婚姻状况以及收入情况等方面呈现出一定的规律。

(一)年龄分布

有意向的父母通常会对代理孕母的年龄有所要求。根据相关研究人员的调查,有意向的父母通常要求代理孕母在32周岁以下。[2]而且,搜索各代孕中介招聘代理孕母的广告可以发现,所有信息基本都对代理孕母的年龄有所限制,其中,年龄上限从30周岁到34周岁不等,通常为32周岁,[3]年龄下限则在20

---

[1] 参见"代孕中介红火背后:代孕妈妈收入最高逾十万",载http://news.xinhuanet.com/society/2009-02/19/content_10847231.htm,最后访问日期:2016年3月10日。

[2] 李娟:"中国城市代孕问题的社会学研究",天津师范大学2010年硕士学位论文,第13页。

[3] 参见如意OK代孕公司官方网址,载http://www.0551daiyun.com/shimeshidaiyun/34.html,最后访问日期:2016年3月10日。

周岁左右，通常为23周岁。[1]由此可以看出，在我国，代理孕母的年龄基本处于23周岁至32周岁。

而有意向的父母对代理孕母这一年龄的要求主要是由于这一年龄阶段的女性发育完全成熟，卵子质量高，若怀胎生育，分娩危险小，胎儿生长发育好，早产、畸形儿和痴呆儿的发生率最低。若早于20岁怀孕生育，胎儿与发育中的母亲争夺营养，对母亲健康和胎儿发育都不好。若迟于32岁，则随着年龄的增加，卵细胞也会衰老，卵子染色体衰退，一些遗传疾病发生的机会随之增加。[2]

(二) 受教育情况和职业状况

受教育情况和职业状况也是对代理孕母的要求之一。从代孕网站公布的代理孕母的基本信息来看，代理孕母涉及各种学历和各种职业。

对于受教育情况，代理孕母涉及小学、中学、大学等各种学历，根据代理孕母的学历不同，其代孕报酬也不相同。[3]

对于代理孕母的职业状况，代理孕母的职业种类繁多，基本涵盖了各个领域。例如，根据媒体报道，代理孕母的职业涉及模特、翻译人员、财务人员，甚至包括教师、行政人员和学生。[4]也有一些有意向的父母倾向于以农村妇女为代理孕母，

---

[1] 参见"惊现10万元'代孕妈妈'年龄最小20岁"，载http://tv.people.com.cn/GB/54797/54806/8916415.html，最后访问日期：2016年3月10日。

[2] 参见冯玉荣等："出生缺陷与生育年龄关系调查分析"，载《中国优生与遗传杂志》2001年第4期。

[3] 参见"代孕妈妈按姿色学历明码标价，大学生参与代孕"，载http://edu.163.com/09/1207/14/5PUH6PAA00293KTO.html，最后访问日期：2016年3月10日。

[4] 代理孕母职业状况通常体现于代理孕母填写的个人资料，对于其真实性有待进一步查实。

因为她们一般身体健康、背景简单，可以避免在以后引发不必要的纠纷。[1]

(三) 婚姻状况

代理孕母的另一特征即通常为已婚但因离婚或丧偶而处于单身状态的妇女。就一些代孕中介网站显示的代理孕母的信息来看，中介机构通常优先考虑已生育一名健康子女的已婚但目前因离婚或丧偶而处于单身状态的代理孕母。

对代理孕母的这一状况的要求是因为：首先，已生育一个健康子女可以排除对代理孕母生育能力的顾虑，而且已有自己子女的代理孕母能更好地处理与代孕儿童之间的关系，事后发生抚养权纠纷的概率相对较低。其次，要求代理孕母为单身状态通常是为了避免其配偶或伴侣对其代孕行为进行干涉。

(四) 收入状况

根据代孕中介网站以及媒体报道的相关信息，当前我国代理孕母的纯收入，即除生活费、房租、检查费、产费等相关代孕支出之外的代孕补偿金，从4万元到10万元不等。[2]

代孕中介公司一般根据学历、外貌等情况，将代理孕母分为不同等级，不同等级的代理孕母获得的代孕补偿费不同。其中，A级是初中学历，容貌一般的代理孕母，补偿费是4万元；B级是高中学历，容貌一般的代理孕母，补偿费是5万元；C级是初中学历，容貌姣好的代理孕母，补偿费是6万元；D级是

---

[1] 李娟："中国城市代孕问题的社会学研究"，天津师范大学2010年硕士学位论文，第14页。

[2] 根据媒体报道，有代理孕母的收入达30万元，但该代孕为自然代孕，本书所统计的代理孕母的收入是指采用人工生殖技术进行的代孕。参见"19岁女子标价'性交代孕'30万元"，载 http://news.qq.com/a/20150413/004634.html，最后访问日期：2016年3月4日。

高中学历，容貌姣好的代理孕母，补偿费是 7 万元……依此类推，到最高等级 I 级时，代理孕母的条件是本科学历，容貌姣好，补偿费达 10 万元。[1]

综上所述，在我国的代孕实践中，代理孕母的年龄分布在最佳生育年龄阶段；受教育情况和职业状况决定代理孕母的代孕收入；代理孕母的婚姻状况可以决定其是否被雇佣为代理孕母。这表明，在我国代孕市场中，代理孕母处于被选择的地位，缺乏话语权。

三、有意向的父母

在我国，有意向的父母通常是不孕不育患者、已超过生育年龄的大龄夫妇、同性恋者或者由于工作繁忙而无暇怀孕生子的夫妻。而且，这些有意向的父母往往有一定的经济基础，因为，我国代孕成本较高，经济基础较好的有意向的父母才有能力进行代孕。[2]

有意向的父母支付的费用大体分为三类：一是中介信息费和服务成本费，这是支付给代孕中介机构的费用，中介信息费是为中介机构介绍有意向的父母所支付的费用；医院介绍、代孕志愿者介绍中介费，服务成本费则是中介机构在提供中介服务过程中的交通食宿费。二是支付给医院的医药和手术费用；三是支付给代理孕母的代孕补偿金。根据代孕的具体情况不同，

---

[1] 参见"代孕中介红火背后：代孕妈妈收入最高逾十万"，载 http://news.xinhuanet.com/society/2009-02/19/content_10847231.html，最后访问日期：2016 年 3 月 10 日。

[2] 参见"代孕中介红火背后：代孕妈妈收入最高逾十万"，载 http://news.xinhuanet.com/society/2009-02/19/content_10847231.html，最后访问日期：2016 年 3 月 10 日。

有意向的父母支付的费用不同。对于国内代孕,根据代理孕母的条件、代孕儿童的性别等,有意向的父母支付的费用从二三十万到数百万元不等。[1]对于跨国代孕,则根据代理孕母来源国不同,费用也从几十万到数百万不等。[2]

四、区际代孕

我国香港地区和台湾地区都有限制地允许代孕,因此,在我国存在大量的区际代孕,即内地有意向的父母前往香港地区和台湾地区进行代孕。其中,香港地区的法规虽然允许代孕,但是管理极为严格,代理孕母进行代孕需取得资格许可。因此,内地与香港地区之间的代孕通常是非法代孕或自然代孕。

五、跨国代孕

由于中国当前严禁代孕,因此在跨国代孕中,中国通常是有意向的父母来源国,也就是代孕儿童接收国。而对应的代孕儿童出生国最主要的是美国、越南、印度和泰国。

(一) 美国

中国有意向的父母选择在美国进行代孕主要是由于:第一,代孕的法律规制较为完善。美国的部门地区允许商业代孕,关于代孕的法律规制较为完善,有利于自身权利保护。第二,人工生殖技术发达,代孕服务周到。第三,为代孕儿童取得美国国籍。

---

[1] 参见"揭代孕交易内幕,中介偷卖年轻客户优质卵子",载http://hb.sina.com.cn/health/ysbj/2012-12-31/07422949.html,最后访问日期:2016年3月10日。

[2] 参见"印度代孕母亲广受青睐,代孕费用远低于美国",载http://money.163.com/15/0727/18/AVI4JD6F00254TI5.html,最后访问日期:2016年3月10日。

据美国媒体报道，越来越多的人选择到美国生孩子，其中2000年到2006年，非美国人在美国生产的子女激增53%，而美国本土婴儿出生率同期只增长5%。例如，根据美国圣地亚哥的一个代孕中介机构的统计：2010年之前，其客户中仅有寥寥可数的几对中国夫妇，但2011年中国客户急剧增加，共计有56对中国夫妇通过该中介机构的帮助找到了代孕母亲，而该机构在2011年的总业务量为140对。换言之，在该代孕中介机构2011年的业务量中，中国有意向的父母进行的代孕占40%。[1]

(二) 越南、印度和泰国

越南、印度和泰国是全球代孕发展最繁荣的国家，其中印度和泰国都有"代孕加工厂"之称。在印度，代孕产业已经发展为其新兴旅游产业。[2]

这些地区代孕行业发达的原因在于：第一，法律不禁止代孕，有意向的父母可以通过代孕成为代孕儿童的法定父母。[3]第二，代孕费用较低，相对于英美等国，在越南、印度和泰国进行代孕的成本更为低廉。[4]

---

〔1〕 "美国代孕母亲成'特色产业'，华人客户需求为主力"，载http://www.chinadaily.com.cn/hqgj/jryw/2012-02-24/content_5243141.html，最后访问日期：2016年3月10日。

〔2〕 2015年，印度对代孕进行一系列限制之后，跨境代孕被禁止。相应的，我国前往印度代孕的事例渐少，但是，印度代孕旅游业曾经的繁荣使得其仍有研究意义。

〔3〕 值得注意的是，2014年11月27日，泰国国家立法议会通过立法草案禁止商业代孕，2015年8月30日，这一草案正式生效。该法规定，夫妻中至少有一人是泰国籍才可寻找泰国女性代孕，代孕母亲必须年满25周岁，且有生育史。如果代理孕母私底下违法代孕，可能面临最高10年监禁和至多20万泰铢（约合5723美元）罚款。这意味着外国有意向的父母无法再在泰国合法进行代孕。美国和澳大利亚等国驻泰国的使馆已经发出提醒，警告本国公民不要在泰国从事商业代孕服务。可以预见，以后在泰国进行的跨境代孕数量将急剧减少。

〔4〕 参见"印度代孕母亲广受青睐，代孕费用远低于美国"，载http://money.163.com/15/0727/18/AVI4JD6F00254TI5.html，最后访问日期：2016年3月10日。

在越南、印度和泰国进行代孕的有意向的父母来自于全球各地，中国的有意向的父母也占据极大部分。除上述原因外，中国在这些国家进行代孕还存在地理和签证制度的优势，这些国家与中国毗邻，签证方便。因此，中国有许多有意向的父母前往这些国家代孕。

综上所述，我国代孕实践的现状是：第一，国内代孕已经形成商业化市场，但在这一市场中，中介机构占据市场主导地位，代理孕母处于弱势地位；另外，我国代孕广泛存在挑选胎儿性别、自然代孕等违法行为，代孕市场极为混乱。第二，在与美国、越南、印度以及泰国等典型出生国所进行的跨国代孕中，我国往往是儿童接收国。

第二节 我国代孕法律规制的现状

我国当前对代孕法律规制的现状简言之可被称为"禁而不止"，现有法律[1]没有明确规定代孕合法与否，但是行政部门采取的禁止态度奠定了我国禁止代孕的基调。虽然有学者提出应当将代孕合法化，但是由于代孕问题太过复杂、相关争议过大，代孕合法化的提议被搁置。而我国的计划生育政策的改变以及代孕需求的相关社会性问题的存在，导致我国代孕无法完全禁止，不仅是地下代孕的存在，跨国代孕在我国也很普遍，造成了我国代孕"禁而不止"的局面。

---

[1] 此处指狭义的法律。

一、禁止代孕

我国既有的对代孕的规制主要体现在 2001 年的《人类辅助生殖技术管理办法》（以下简称《管理办法》）和 2003 年的《人类辅助生殖技术和人类精子库伦理原则》（以下简称《伦理原则》）这两个行政规章之中。

（一）既有规制的禁止态度

最直接的规范是原卫生部在 2001 年发布并生效的《管理办法》。该办法第 3 条规定："……禁止以任何形式买卖配子、合子、胚胎。医疗机构和医务人员不得实施任何形式的代孕技术。"违反这一规定的，依照该办法第 22 条的规定将被处以行政处罚："由省、自治区、直辖市人民政府卫生行政部门给予警告、3 万元以下罚款，并给予有关责任人行政处分；构成犯罪的，依法追究刑事责任。"

随后，原卫生部在 2003 年发布的《伦理原则》中再次重申了对代孕的禁止态度。《伦理原则》确定了人类辅助生殖技术和人类精子库管理的七项基本原则，其中多项原则的具体规定体现了对代孕的禁止态度。例如，在社会公益原则中规定："医务人员必须严格贯彻国家人口和计划生育法律法规，不得对不符合国家人口和计划生育法规和条例规定的夫妇和单身妇女实施人类辅助生殖技术。"在禁止商业化原则中规定："机构和医务人员对要求实施人类辅助生殖技术的夫妇，要严格掌握适应证，不能受经济利益驱动而滥用人类辅助生殖技术。"

另外，一些基本法律规范可能涉及代孕。例如，《民法通则》规定的公共政策原则，《婚姻法》规定的非婚生子女与婚生子女具有同等权利的原则等。[1]其中,《涉外民事关系法律适用法》(以下简称《法律适用法》) 对父母与子女人身关系的法律适用以及收养与监护的法律适用的规定可能涉及跨国代孕的法律适用。[2]

(二)《计划生育法》修订过程中对代孕的态度

2015年,为了落实十八届五中全会全面实施两孩的政策,《计划生育法》进行修订。在其修订案草案中,增加了禁止代孕的规定。该修订案草案第5条规定,医疗机构实施人类辅助生殖技术需经省级人民政府卫生行政部门审查批准,同时规定禁止买卖精子、卵子、受精卵和胚胎,禁止以任何形式实施代孕。《计划生育法》是由全国人大常委会通过的法律,其级别高于作为行政规章的《管理办法》和《伦理原则》,如果此草案得以通过,则意味着我国正式从立法层面禁止代孕。

但是,在全国人大常委会对《计划生育法(修正案草案)》进行的分组审议中,与会人员对草案第5条的上述规定分歧较大。有些常委会组成人员提出,此次修改《计划生育法》应当集中围绕落实党的十八届五中全会决策进行,而这一规定

---

[1]《民法通则》第7条规定:"民事活动应当尊重社会公德,不得损害社会公共利益,扰乱社会经济秩序。"《婚姻法》第25条规定:"非婚生子女享有与婚生子女同等的权利,任何人不得加以危害和歧视。不直接抚养非婚生子女的生父或生母,应当负担子女的生活费和教育费,直至子女能独立生活为止。"第26条规定:"国家保护合法的收养关系。养父母和养子女间的权利和义务,适用本法对父母子女关系的有关规定。养子女和生父母间的权利和义务,因收养关系的成立而消除。"

[2]《涉外民事关系法律适用法》第25条规定:"父母子女人身、财产关系,适用共同经常居所地法律;没有共同经常居所地的,适用一方当事人经常居所地法律或者国籍国法律中有利于保护弱者权益的法律。"第28条规定:"收养的条件和手续,适用收养人和被收养人经常居所地法律。收养的效力,适用收养时收养人经常居所地法律。收养关系的解除,适用收养时被收养人经常居所地法律或者法院地法律。"

第五章 我国关于代孕的法律规制及反思

与全面实施"二孩"政策没有直接关系,且有些问题还需要深入研究论证,建议删去该条修改规定。法律委员会经研究,建议采纳这一意见,并相应删去与之相关联的修正案草案第6条,即违反规定实施代孕等将受到相应处罚的规定。

《计划生育法》对于代孕条款的增删并未体现我国立法对于代孕禁止态度的软化。首先,在《计划生育法》修订案的草案中增加的代孕条款,仍对代孕持禁止态度;其次,最终删掉禁止代孕的相关条款是因为此次对《计划生育法》的修订是为了响应全面开放"二孩"政策,此时规定代孕无疑是一种"搭便车"的行为,而代孕问题的复杂性不适宜如此简单的"搭便车"。

然而,值得注意的是,对代孕条款的变动所体现出的立法参与者的态度,他们不再一味支持禁止代孕,而是表明有必要对代孕进行专门规制,甚至有参与者提出应当开放代孕。例如,有参与者建议,要考虑代孕问题并进行详细、细致的专家论证,征求社会和民众的意见,专门制定协助生育的法条。对代孕的概念,在什么情况下合法,什么情况下违法,谁来监督,包括法律责任等方面作出详细地规定,这样可以避免造成社会上的混乱。还有参与者认为,虽然买卖精子、卵子、受精卵和胚胎,以及代孕可能会面临着伦理上的问题,原则上应该禁止,但是应该看到,许多有生育意愿的人已经错过了最佳的生育年龄,使得很多人面临自然生育困难的情况,需要借助辅助生育才能实现自己的生育权。代孕有社会的需求,而且其中部分需求是合理的,应在全面调研论证的基础上制定一个专门的辅助生育法。甚至有参与者明确应开放代孕,认为代孕实际上是对不孕夫妇生育权的尊重,生育权是基本的人权之一,生育方式选择权是生育权的基本内容之一。从生育权来讲,是不应该非法剥夺不孕夫妇通过代孕技术获得子女的权利。一些国家和地区已经允许代孕，整体趋势对代孕是从歧视到理解，从禁止到部分开放，再到开放。[1]

综上可知，我国当前对代孕的立法现状是：

第一，无论是商业代孕还是无偿代孕都无效且无法律约束力。根据《合同法》，任何违法公共政策或强制性条款的合同都无效。因此，无论是商业代孕合同还是无偿代孕合同都因违背《管理办法》和《伦理原则》而无效。

第二，违反行政规章进行代孕的违法后果仅规制医疗机构和医务人员，有意向的父母和代理孕母不受惩罚。这一立法现状主要因为：首先，在法律层面，根据我国《立法法》，卫生部门作为国家行政部门，没有权力对医疗机构和医务人员之外的主体发布行政命令。其次，在文化层面，中国传统文化认为"不孝有三，无后为大"，因此，在中国，那些不育者进行代孕在道德上是无过错的。

第三，约束代孕的首要基础是儿童利益最大化原则，这一点在《伦理原则》中明确进行了规定。

第四，迄今为止，中国尚未从法律层面对代孕进行规制，现存的禁止代孕的规则是原卫生部颁布的行政规章。而由行政规章禁止一切形式的代孕安排可能会导致一系列宪法上的问题。根据《宪法》，我国推行计划生育，而根据计划生育的相关法律，我国公民至少可以拥有两个孩子。当代孕成为公民唯一获得子女的方式时，《管理办法》和《伦理原则》禁止一切形式的代孕似乎与宪法的规定不符。

---

[1] "代孕问题不宜随修法'搭车'解决"，载《中国妇女报》2015年12月24日。

二、代孕合同

对于代孕合同,我国尚无专门的立法规制。但是对于代孕合同的合法性和可执行性,我国司法实践中有所涉及。对于代孕合同的法律适用,我国《法律适用法》《合同法》等涉及涉外合同法律适用的规则对代孕合同的法律适用有一定的参考价值。

(一) 代孕合同的效力

近年来,我国司法实践中处理了一些关于代孕的案件,这些案件涉及了代孕合同的效力。

1. 代孕合同无效

在我国司法实践中,法院通常以代孕合同违反公序良俗而认定代孕合同无效。

例如,2008年,广西壮族自治区南宁市江南区人民法院审理的一起代孕纠纷案件。[1] 该案案情如下:2004年,原告陈小姐与被告赵姓夫妇达成代孕合同,由陈小姐与赵先生通过自然代孕的方式进行代孕,在代孕儿童诞生后,陈小姐放弃其对于该子女的法定权利,赵姓夫妇支付其150 000元报酬。2005年,陈小姐顺利怀孕并诞下一名男婴。赵姓夫妇按约支付报酬,陈小姐也将代孕儿童交给赵姓夫妇。但随后,陈小姐后悔放弃该代孕儿童,在向赵姓夫妇索要无果后,陈小姐于2008年向江南区人民法院提起诉讼,请求法院确定其对该代孕儿童的抚养权。

对于此案,法院关注的焦点之一即原被告之间签订的代孕合同的效力。而江南区人民法院虽然最终将儿童的抚养权判归

---

[1] 参见杨彪:"代孕协议的可执行性问题:市场、道德与法律",载《政法论坛》2015年第4期。

赵姓夫妇，但是对于本案涉及的代孕合同，江南区人民法院认为该代孕合同无效，因为代孕合同违反了公序良俗原则。[1]

又如，2012年福建省厦门市思明区人民法院审理的一起代孕纠纷案件。在该案中，张某的孩子因车祸去世，张某欲进行代孕，并经代孕中介机构与代理孕母李某取得了联系。随后张某和李某通过自然代孕的方式进行代孕，张某每月支付李某生活费15 000万元，先后累计达20余万元。2012年3月，李某生下了代孕儿童。但事后，李某拒绝将孩子交给张某夫妇抚养。在多次沟通无效后，张某不再支付孩子的抚养费，李某遂向思明区人民法院起诉，要求张某支付该代孕儿童的抚养费。

在该案的审理过程中，被告张某主张其与原告赵某之间存在代孕合同，合同约定代孕儿童的抚养权归张某所有，因此，张某请求法院根据代孕合同判定其拥有代孕儿童的抚养权。但是，审理该案的法官认为，根据张某提交的证据无法充分证明代孕合同存在，即使存在代孕合同，该合同也会因违背公序良俗和社会公德而被认定为无效。

2. 代孕合同有效

司法实践中也存在认定代孕合同有效的案例。例如，湖南省常德市鼎城区人民法院在2010年审理的一个代孕抚养权纠纷案件中认定代孕合同有效。[2]该案案情如下：

胡某是一名外籍华人，因为其妻子任某不能生育，胡某与其妻子选择进行代孕。2008年5月，胡某通过网上发帖，在中国寻找代理孕母，并最终与湖南省常德市鼎城区的柳某达成了

---

[1] "20岁姑娘15万代孕生子惹官司，抚养权归孩子生父"，载《当代生活报》2008年9月13日。

[2] "湖南常德女子代孕引发夺子官司，法院判决代孕协议有效"，载《南方都市报》2010年8月18日。

代孕合同。合同的主要内容包括：柳某为胡某及任某进行代孕，胡某承担柳某代孕期间的一切费用并支付柳某代孕费10余万元；孩子出生后，柳某放弃抚养权，孩子归胡某抚养。合同签订后，柳某被植入由捐赠者的卵子和胡某的精子合成的胚胎并成功怀孕。2009年3月底，柳某产下一男婴。胡某夫妻在得知这一消息后，要求接走该男婴，但柳某多次以各种理由拒绝。双方私下多次协商未果，胡某和任某遂向湖南省常德市鼎城区人民法院提起了诉讼，请求法院确定其对代孕儿童的抚养权。

本案虽然为抚养权纠纷，但是案件涉及跨国代孕合同的效力问题。对于这一问题，鼎城区人民法院认为，原告胡某与被告柳某《代孕合同书》系双方当事人的真实意思表示，合同内容不违反法律禁止性规定，对双方当事人均有法律约束力。

本案是笔者搜集到的我国唯一一个判定代孕合同有效的案件。对此，笔者认为，鼎城区人民法院没有直接采用公共政策保留条款认定代孕合同无效的做法值得肯定。但是，对于跨国代孕合同的效力认定，鼎城区人民法院未说明其法律适用，仅以当事人意思表示真实、合同内容不违反法律禁止性规定为由而认定无效，尚缺乏说服力。

3. 我国代孕合同效力认定的分析

上述三个案件体现了我国司法实践中认定代孕合同效力的两种结果：一种是代孕合同违反公序良俗而无效；另一种是代孕合同系当事人真实意思表示且不违反我国强制性法律规定，因而有效。

笔者认为不能根据结果的不同而简单下结论称我国关于代孕合同效力认定的判决结果不一致，因为前两个案件和后一个案件有本质上的区别：第一，江南区人民法院审理的代孕案件和思明区人民法院审理的代孕案件是国内代孕案件；而鼎城区人民法院审理的代孕案件涉及惯常居所地在外国的有意向的父母，是跨国代孕案件。第二，在江南区人民法院审理的代孕案件和思明区人民法院审理的代孕案件中，当事人采取的代孕方式是自然代孕，代理孕母与代孕儿童具有血缘关系；而在鼎城区人民法院审理的代孕案件中，当事人采取的是妊娠型代孕，代理孕母与代孕儿童没有血缘关系，而是与有意向的父亲具有血缘关系。

虽然有上述两个不同点的存在，判决呈现的两种不同结果不能被认定为不一致，但是上述判决仍存在法律适用不明确，缺乏详细论证的问题。这使得我国关于代孕合同有效性的司法实践缺乏指导性：第一，跨国代孕合同效力认定的法律适用规则问题；第二，采用自然代孕方式是否是认定代孕合同违背公序良俗的影响因素；第三，血缘关系是否是代孕合同效力认定的影响因素。

(二) 跨国代孕合同的法律适用

我国没有专门规定代孕合同的法律适用规则，司法实践中也未涉及跨国代孕合同的法律适用。[1]但是，跨国代孕合同作为涉外合同中的一种可以适用《涉外民事关系法律适用法》及其司法解释关于涉外合同法律适用的一般规则。

《涉外民事关系法律适用法》总则确定了最密切联系原则和意思自治原则。[2]另外，在分则"合同领域"，其第41条具体规定了涉外合同法律适用中的意思自治原则和最密切联系原则。

---

[1] 上述鼎城区人民法院审理的跨国代孕案件涉及跨国代孕协议的法律适用，但遗憾的是该案中法官未就其进行说明。

[2] 参见《涉外民事关系法律适用法》第2条第2款和第4条。

这些总领性的规则,可以适用于跨国代孕合同。

三、亲子关系

我国没有关于代孕亲子关系认定的专门法律规则,但是《涉外民事关系法律适用法》规定了涉外亲子关系法律适用的规则,跨国代孕中的亲子关系是特殊类型的亲子关系,在缺乏特定规则的情形下,一般规则具有参考价值。

(一) 涉外亲子关系的法律适用规则

《涉外民事关系法律适用法》第 25 条规定了父母子女人身、财产关系的法律适用。[1]根据该条,我国涉外亲子关系适用父母和子女共同经常居所地法,没有共同经常居所地的适用一方当事人经常居所地法或国籍国法中有利于保护弱者权益的法。

而在跨国代孕中,涉外亲子关系发生纠纷时,代孕儿童有可能尚无经常居所地。对此有国家规定,代孕儿童无经常居所地时,以代理孕母的经常居所地为代孕儿童的经常居所地。[2]

(二) 代孕儿童亲子关系认定的司法实践

我国关于代孕儿童亲子关系认定的司法实践存在两种情形:一是适用儿童利益最大化原则认定代孕儿童的亲子关系;二是依据基因联系认定代孕儿童的亲子关系。

1. 儿童利益最大化原则

上述江南区人民法院审理的案件(简称"江南区案")实

---

[1] 《涉外民事关系法律适用法》第 25 条规定:"父母子女人身、财产关系,适用共同经常居所地法律;没有共同经常居所地的,适用一方当事人经常居所地法律或者国籍国法律中有利于保护弱者权益的法律。"

[2] Permanent Bureau of the Hague Conference of Private International Law, *A Study of Legal Parentage and Issues Arising from the International Surrogacy Arrangement*, Prel. Doc. No 3C of March 2014, p. 56.

质上即关于代孕儿童亲子关系的认定。在该案中,法院即适用儿童利益最大化原则认定代孕儿童的亲子关系。

该案中,在有意向的父母和代理孕母就代孕儿童亲子关系发生纠纷时,江南区人民法院最终将代孕儿童的抚养权判归被告有意向的父母。其理由如下:首先,原告陈小姐是在自愿签订代孕合同并转移抚养权给赵姓夫妇,同时赵姓夫妇通过与陈小姐的合同进行代孕,并在代孕儿出生后取得其抚养权。尽管该代孕合同是无效的,但案件事实表明,赵姓夫妇对于拥有和抚养该儿童有更强烈的意愿。其次,对比双方的经济条件,陈小姐是居住在一个贫穷且偏远的小山村的失业者,而赵姓夫妇居住在广西省会城市南宁且有高收入,赵姓夫妇有明显的经济优势。因此,法院依据儿童利益最大化原则判定该代孕儿童的抚养权归有意向的父母。[1]

2. 基因联系

2014年12月,上海市闵行区人民法院作出了一起代孕纠纷案件(简称"闵行区案")。该案中,原告A夫妇在其儿子因病去世后发现其龙凤胎孙子女是其儿子与儿媳B通过代孕所生。在该代孕安排中,A夫妇儿子的精子和其非法购买的卵子被使用。因此,B与代孕儿童无血缘关系。得知这一事实,原告A夫妇遂向上海市闵行区人民法院起诉,以被告B与代孕儿童无血缘关系为由,向法院诉请撤销被告B对代孕儿童的监护权和抚养权。

一审审理时,原被告双方的焦点集中于有意向的母亲即被告B是否与代孕儿童之间确立了亲子关系。原告A夫妇认为,

---

[1] "20岁姑娘15万代孕生子惹官司,抚养权归孩子生父",载《当代生活报》2008年9月13日。

第五章　我国关于代孕的法律规制及反思

被告B与代孕儿童之间既无血缘关系也无拟制血亲关系，因此对代孕儿童没有监护权。被告B诉称，其在孩子出生后始终是以母亲的身份对孩子进行抚养，与孩子间有着深厚的感情，应以儿童利益最大化为原则确定监护权的归属。

但法院未采纳被告B的请求。法院认为，根据法律规定，即使父母子女间没有血缘关系，也有以法律设定的地位与血亲相同的亲子关系，分别是养父母与养子女以及养子女与养父母的其他近亲属，以及在事实上形成抚养关系的继父母与继子女、继兄弟姐妹。根据法律规定，养父母子女关系的形成应当符合法律规定的条件，并办理收养登记手续。而被告B与代孕儿童之间因欠缺法定的必备要件而不能成立合法的收养关系。对于在代孕过程中产生的提供卵子的"基因母亲""孕生母亲""养育母亲"各异的情况下，"养育母亲"是否构成拟制血亲并无法律规定，亦不符合现行法律规定的拟制血亲条件。代孕行为本身不具合法性，难以认定因此种行为获得对孩子的抚养机会后，双方可以形成拟制血亲关系。法院一审判决，将龙凤胎交由A夫妇监护。因此，上海市闵行区人民法院作出一审判决，认为有意向的母亲B与代孕儿童之间无血缘关系也无拟制血缘关系，从而将代孕儿童的抚养权归于与其有血缘关系的A夫妇。[1]

从一审法院的判决我们可以看出，我国法院在认定代孕安排中的亲子关系时适用的是一般亲子关系的确定规则，主要依赖基因传承关系。除上述案件之外，还有许多案件的结果也是

---

[1] "首例代孕纠纷案开庭，定制龙凤胎竟有三个母亲"，载 http://sh.sina.com.cn/news/s/ 2015-11-21/detail-ifxkxfvn8929024.shtml，最后访问日期：2016年5月15日。

如此。[1]

从上述两个案例可以看出，我国当前关于代孕的司法实践状况：

第一，代孕安排，至少商业代孕安排违背了我国的公共政策而应认定为无效。这一点被江南区法院明确指出。

第二，代孕合同的无效不影响代孕儿童法定身份的认定。"江南区案"和"闵行区案"中，法院都承认了代孕儿童与其生父的亲子关系。

第三，我国司法实践审判规则并不成熟。在"江南区案"中，法院灵活运用了儿童利益最大化原则最终确立代孕儿童的亲子关系，但在"闵行区案"中，法院未适用这一原则，而是基于血缘关系判断亲子关系。

四、代孕行为禁而不止

我国代孕法律规制的现状可以用四字概括——"禁而不

---

[1] 参见王萍："代孕法律的比较考察与技术分析"，载《法治研究》2014年第6期。在该文中，其总结了媒体报道的三类案件：案例一：A与B因丧失生育能力而与C签订代孕协议，由A提供精子，与捐赠的卵子形成胚胎，植入C的子宫代孕生子。分娩之后，C不愿放弃监护权，A与B遂将C诉至法院。法院认为代孕协议系双方当事人的真实意思表示，协议内容不违反法律禁止性规定，对双方当事人均有法律约束力，并经鉴定认定A与代孕所生子女之间存在基因传承关系，而C则没有，因此认定A为代孕所生子女的生物学父亲。法院最终判决双方履行代孕协议。案例二：委托代孕的夫妻A与B因妻子B丧失生育能力，找到C并口头约定由A提供精子，C代孕生子。分娩之后，C反悔，A遂将C诉至法院。法院认为A无法证明存在代孕协议，即使能够证明也因与合同法的基本原则冲突而无效；而且《人类辅助生殖技术管理办法》明确禁止代孕。法院最终判决C享有代孕所生子女的监护权，A每月支付抚养费。案例三：A与B结婚多年未能生育，找到C代孕生子，由A提供精子，C提供卵子。后C反悔，希望能够拿回监护权，A与B不同意，C遂将A和B诉至法院。法院认为代孕协议违反公序良俗，应当认定无效，但考虑到代孕所生子女的利益，最终判决由A抚养。

止",相关规则严禁代孕,但是实践中代孕层出不穷。而造成我国代孕现象禁而不止的原因,笔者认为有两个:第一,禁止代孕缺乏具体的执行规则;第二,我国绝对化的禁止代孕态度与现实需求存在矛盾。

(一)具体执行规则的缺失

禁止代孕缺乏具体的执行规则也就是说,我国从总的立场上禁止代孕,但是针对如何执行这一规则却缺乏具体的细则。例如,前文所述,《管理办法》和《伦理原则》仅规定了对医疗机构和医务人员的惩罚措施,但是对于其他当事人(如有意向的父母、代理孕母、代孕中介、配子提供者等)却未有任何违法后果的规定。而且,笔者认为,这一原因仅是表象上的原因。即使将禁止代孕这一规则细化,形成完整的禁止代孕的体系规则,可能也只是对当前地下代孕市场稍加缓解,并不能完全禁止代孕。

(二)禁止代孕与现实需求的矛盾

当存在对代孕服务的需求时,一味禁止代孕只会使得代孕行为转入地下。而在我国,有特定的代孕需求。

1. 失独家庭对代孕的需要

2014年2月27日,全国老龄办发布的《中国老龄事业发展报告(2013)》显示:我国空巢老年人口规模继续上升,2012年为0.99亿人,2013年突破1亿人大关。在空巢家庭中,无子女老年人和失独老年人开始增多,2012年,中国至少有100万个失独家庭,且每年以约7.6万个的数量持续增加。全国第六次人口普查数据和卫生部发布的《2010中国卫生统计年鉴》也显示:中国现有独生子女2.18亿,15周岁~30周岁年龄段的死亡率至少为40人/10万人,每年的独生子女死亡人数至少有7.6

· 165 ·

万人,由此带来的是每年增加7.6万个失独家庭。人口学专家易富贤则根据人口普查数据推断:中国现有的2.18亿独生子女,会有1009万人或将在25岁之前离世。这意味着不用太久,中国便将有1000万家庭成为失独家庭。[1]

"失独家庭"是我国计划生育政策下的特有现象。虽然自2016年1月1日新的《计划生育法》开始生效以后,我国已全面开放"二孩"政策,失独现象将会得到缓解,但由于执行计划生育政策的一代陆续开始进入老年期,对于这些执行计划生育政策较早的人,一旦失去独生子女,其便会超过合适的生育年龄而无法再次自然生养。因此,在此背景下,作为人工辅助生殖技术的代孕具有了合法、合理的政策基础。

2. 开放"二孩"政策下对代孕的需要

新的《计划生育法》生效以后,我国已全面开放"二孩"政策。我国公民有权拥有第二个孩子。但是,正如同上述失独家庭一样,对于那些已过合适生育年龄的人,其有权采用可行的方式实现这一权利。因此,开放"二孩"政策也是我国特有的代孕合法化的基础。

3. 人口老龄化下代孕的合法化

2000年以后,我国开始进入老龄化社会和人口低速增长时期。统计数据显示:2002年至2011年这10年间,我国人口的出生率从12.86‰降至11.93‰,死亡率则从6.41‰升至7.14‰,相应的,人口的自然增长率从2002年的6.45‰降至2011年的4.79‰。与此同时,伴随着低生育率的是老龄化程度进一步加深,无论是2002年的7.3%还是2011年的9.1%,都

---

[1] 参见杨彪:"代孕协议的可执行性问题:市场、道德与法律",载《政法论坛》2015年第4期。

超过了公认的 7% 的安全警戒线。[1]

老龄化和低生育率，为代孕的合法化提供了重要的背景支撑。就代孕而言，其针对的对象本就属于人口政策中应予以倾斜照顾的特殊群体，确立代孕生育权正是兼顾公平的主要体现。加之我国过去十几年的低生育率所累积起来的人口负增长惯性，代孕生育带来的人口增长仍在可承受范围之内。有学者提出，由于社会福利和保障制度的发展水平不同，我国家庭政策的发展方向与发达国家存在本质上的差异，与发达国家"去家庭化"的方向相反，我国家庭政策发展的主要方向应该是"家庭化"，即基于家庭责任前提构建福利保障体系，通过强化家庭功能实现为公民提供福利和保障的目标。[2]代孕需求者多为未孕夫妻、失独父母、单身人士等无子女人群，这些人正是老龄化加速的背景下社会保障体系的盲点。承认代孕的合法性有助于实现无子女人群组建家庭方式的多元化，扩大和提升以家庭为基本单位的福利保障，对经济社会的均衡发展有着显著的正向促进作用。

综上可知，我国的人口生育政策使得我国存在许多有意向的父母寻求代孕服务，在此情形下，禁止代孕反而使得这些有意向的父母进行非法代孕或者规避我国法律进行跨国代孕，使得代孕市场更为混乱，不利于保护相关当事人的合法权益。

事实上，除上述具有我国特色的社会现实外，我国还与其

---

[1] 虽然自 2013 年我国放开计划生育政策以来，我国人口出生率有所提升，但是我国人口老年化问题仍然极为严峻。参见中华人民共和国国家统计局编：《中国统计年鉴（2015）》，载 http://www.stats.gov.cn/tjsj/ndsj/2015/indexch.htm，最后访问日期：2016 年 6 月 6 日。

[2] 参见杨彪："代孕协议的可执行性问题：市场、道德与法律"，载《政法论坛》2015 年第 4 期。

他国家有代孕需求的共性,如家庭结构的变化、不孕不育疾病的存在等。正是因为存在对代孕的合理需求,所以不能一味简单地禁止代孕,而应转变对代孕的态度,有限地允许代孕,在此基础上,从国内和国际两个层面完善代孕的相关法律规则。

第三节 我国代孕的国内法完善

完善我国关于代孕的法律规制首先要完善我国关于代孕的国内法。我国目前仅有《管理办法》和《伦理原则》这两个行政规章对代孕进行原则性的规定,而我国代孕市场混乱,当事人的合法权益无法得到充分保障,因此,我国亟须制定专门的代孕立法。但是一部法律的制定必然需要时间,而且代孕行为具有复杂性,制定代孕的专门立法将是一个漫长的过程,在此过程中,需要从法解释学角度对现有代孕规则加以运用。

一、现有规则的法解释学运用

对现有代孕规则的法解释学运用是指在当前代孕的立法难以在短时间内得以完善的情形下,在司法实践中,基于法解释学的原理对当前已有代孕规则加以运用来规范我国代孕行为的做法。

(一) 运用法解释学的必要性

"徒法不足以自行",法律不是写在纸上供人们瞻仰的文字,而是定纷止争、维护社会秩序的工具,因而法律必须运用。而有运用就必有解释,因为只有通过解释才能将抽象的法律条文

第五章　我国关于代孕的法律规制及反思

适用到具体的案件上。[1]尤其是当立法存在缺陷的时候，相对于难度大、成本高的立法改革，对已有法律进行技术性解释是一个更好的解决方法。

在我国，关于代孕的立法完善将是一个漫长的过程。虽然《计划生育法》在修订过程中一度涉及了关于代孕的立法。但是，一方面，该草案规则仍坚持禁止代孕的立场；另一方面，起草者认为代孕问题极为复杂，需要对其进行大量调查与研究之后再进行立法。这意味着，在较长一段时间内，我国关于代孕的法律规制可以不会发生变化。因此，需要从法解释学的角度来应对实务中的代孕问题。

（二）法解释学的具体运用

根据上文可知，我国目前与代孕有关的法律规则有：第一，《管理办法》规定的禁止代孕的规则；第二，《伦理原则》规定的儿童利益最大化原则；第三，涉外合同的法律适用规则；第四，涉外亲子关系认定的法律适用规则。在关于代孕的专门立法出台之前，利用法解释学的原理运用这些已有规则，对我国代孕的规制也能起到较大作用。

以前文所述"闵行区案"为例。笔者认为，该案中的闵行区人民法院的判决不仅规则适用有误，而且对禁止代孕规则的适用较为机械。

上海市闵行法院认为，被告B及其丈夫生前所谓的代孕行为违法，因此判定被告B无法根据代孕行为取得对代孕儿童的亲子关系。[2]笔者认为，这一亲子关系的判定逻辑有误。在本

---

[1] 焦宝乾："西方法解释学：传统与现代的分野"，载《法商研究》2004年第2期。

[2] "首例代孕纠纷案开庭，定制龙凤胎竟有三个母亲"，载http://sh.sina.com.cn/news/s/2015-11-21/detail-ifxkxfvn8929024.shtml，最后访问日期：2016年6月5日。

案中，对于亲子关系的确定存在三种法律规制：一是《管理办法》规定的禁止代孕；二是《伦理原则》规定的儿童利益保护；三是《婚姻法》的儿童利益最大化原则。因此，法院应当首先判定这三种法律规制是否互相冲突，但是法院并未作此判定。而事实上，被告 B 提出的异议即提出了将代孕儿童的抚养权判归自己符合儿童利益最大化原则。但是，法院未对此进行采纳。其次，假设法院认定由被告 B 抚养代孕儿童，更有利于保护子女利益，那么三种法律规制便有了冲突，《婚姻法》和《伦理原则》支持有意向母亲 B 的抚养权，而《管理办法》支持原告 A 夫妻的抚养权。此时，根据价值位阶理论，《婚姻法》是全国人大通过的基本法律，而《管理办法》是原卫生部通过的行政规章，应优先适用《婚姻法》；在《管理办法》和《伦理原则》之间，两者都属于行政规章，但是《伦理原则》是 2003 年实施的，而《管理办法》是 2001 年实施的，根据新法优于旧法的原则，应适用《伦理原则》。从而，当有意向的母亲 B 更能保护儿童利益时，应判决其拥有代孕儿童的抚养权。

因此，笔者认为，我国虽然禁止代孕，但是在涉及亲子关系的确定问题时，儿童利益最大化原则应当被优先适用。这一点在涉及我国的跨国代孕安排中也应如此，因为《法律适用法》在涉外亲子关系的抚养和涉外父母子女关系中都规定了弱者权益保护原则，体现在代孕中，即儿童利益最大化原则。

二、代孕专门立法的制定

法解释学原理的运用有助于规则的具体化，但是也可能存在司法实践的运用与立法精神不一致的情形。因此，立法的完善是规范代孕行为的根本方法。在我国，完善代孕立法的最佳途径即制定关于代孕的专门立法,并在该法中明确代孕的合法化、规定针对代孕协议和代孕儿童亲子关系的实体法规则和冲突法规则。

(一)代孕的有限合法化

虽然代孕的合法化进程不是在短时间内能够实现的,但这仍是我国关于代孕立法应追求的目标。在实现这一目标的过程中应注意的是逐步完善,不可全盘否定以往立法。因为代孕涉及多种法律问题,对多个法律领域都形成了冲击。这本身就说明法律体系中的任何一个制度的改变,都可能对其他法律规范造成冲击,试图在立法层面通过替换法律体系中的某一个构成部分来解决问题的做法。很有可能一个问题被解决了,另一个问题却产生了,甚至会引起法律体系更大的"排异反应"。[1]例如,一味禁止代孕,不承认代孕儿童的亲子关系将导致代孕儿童的无父母和无国籍状态,不仅损害代孕儿童子利益,也损害其他当事人的利益。因此,笔者认为,从我国情况出发,结合印度、泰国等与之在代孕问题上有相似社会现实国家的做法,我国应当有限制地承认代孕的合法化并对其严加管制。首先,从我国当前的社会现实来看,代孕有其合法化的现实需求。前文所提到的"二孩"政策、人口老龄化问题、失独问题以及独身主义、不孕不育病症的存在都对代孕有着合理诉求,代孕在我国有其合法化的现实基础。其次,我国当前一味禁止代孕导致的结果反而是使代理孕母的权利无法得到很好的保护。因此,从保护代理孕母的角度,我国应当借鉴印度、泰国等国的经验教训,有限制地允许代孕,并规定详细的监管规则,以便更好地保护各方当事人的利益。

---

[1] 王萍:"代孕法律的比较考察与技术分析",载《法治研究》2014年第6期。

(二) 代孕儿童亲子关系的认定

对于代孕儿童亲子关系的实体法规则,应当规定有意向的父母为代孕儿童的法定父母。有意向的父母进行代孕的目的是获得亲子关系归自己的代孕儿童,当代孕不合法时,有意向的父母即使进行了代孕,也可能无法取得代孕儿童之亲子关系。而本书认为,代孕应当有限制的合法化,在此基础上,有意向的父母如果符合代孕资格,履行了代孕合同约定之义务,其有权获得代孕儿童的亲子关系。对于代孕儿童亲子关系的冲突法规则和承认规则,应当以儿童最佳利益为首要原则。

(三) 代孕中介机构和医疗机构的规范

从前文我国代孕实践的现状可知,在我国,代孕中介机构在代孕过程中极为重要。因此,有必要对代孕中介机构进行规范。具体而言,对于代孕中介机构的规范应当着重注意:第一,代孕中介机构的资格审查,立法应当对代孕中介机构进行资格审查,只有符合条件的机构才可进行代孕中介;第二,对代孕中介机构的行政监管,规定专门的行政机关对代孕中介机构的行为进行监管。

(四) 区际代孕法律规制的协调

从前文可知,我国面临着较为严重的区际代孕问题,尤其是随着内地与香港地区和台湾地区的交流加强,赴港代孕和赴台代孕数量日益增多,需要对其进行协调。

而在协调我国大陆地区与台湾地区,内地与香港地区区际代孕时,需注意代孕立场的差异,不应一味禁止代孕,而应以保护代孕法律关系当事人的权益为重心,制定详细管理机制,规范当事人的代孕行为。

第四节　我国代孕的国际法律规制

代孕法律规制的另一个重要方面是代孕的国际法律规制。随着经济全球化的发展和代孕国内法的冲突，跨国代孕安排数量繁多。我国虽然未对跨国代孕安排的数量进行统计，但是实践中不乏涉及我国当事人的跨国代孕。因此，完善我国代孕的法律规制还必须注重代孕的国际法律规制。

一、积极参与代孕国际统一规则之制定

跨国代孕问题已经引起了国际社会的高度关注，正如前文所总结的，海牙国际私法会议、欧洲人权法院、联合国和欧盟等国际组织都有跨国代孕发展的新实践。这些关于跨国代孕的国际实践都值得关注，尤其是海牙国际私法会议的工作。

（一）我国参与海牙国际私法会议代孕项目始末

自2010年海牙国际私法会议开始关注跨国代孕中的亲子关系问题起，我国积极地参与了此项目的研讨。2016年2月15日至18日，海牙国际私法会议组织了专家组对制定跨国代孕统一冲突法公约这一计划进行研究。包括我国在内的来自21个国家的21位专家和3位观察员出席了会议，并提交了一份报告。报告指出，在代孕所引发的国际私法问题上，目前各国还没有专门的法律规范。因此，有必要制定一套统一的冲突法规则。另外，在外国公文和裁决的承认方面，报告指出有必要进行更深入的研究，特别要考虑到各国的公共政策因素，考虑到各国在代孕问题上的法律差异。报告指出当前对于跨国代孕的统一冲突法公约的内容还很难达成统一意见，因此常设局将继续支持

专家组进行相关工作。[1]在随后的3年中,海牙国际私法会议陆续召开了5次专家组会议,统一认定将在一般涉外亲子关系认定公约之外,以议定书的形式对跨国代孕中亲子关系的认定进行统一规制,目前正处于议定书的草案商讨阶段,正是我国表达立场的好时机。[2]

(二) 我国参与海牙国际统一规则之立场

根据前文的分析,海牙国际私法会议计划制定关于跨国代孕中亲子关系认定的统一国际私法规则。我国应积极参与这一统一规则的制定,并在参与过程中结合我国跨国代孕的实践争取有利于我国当事人权益保护之规则的拟定。

就我国当前跨国代孕的实践来看,我国在跨国代孕关系中往往处于代孕儿童接收国地位,也就是说,实践中往往是我国有意向的父母去外国寻求代孕服务。就此现状来看,我国在参与公约制定的过程中,似乎应当注重保护有意向的父母的利益。但是笔者认为,我国应当有限制地允许代孕,一旦我国成为代孕合法化国家,便有可能引来其他国家有意向的父母来我国进行代孕。但从长远来看,我国既应当注重对有意向的父母权益的保护,也应当注重对代理孕母的保护,加之儿童利益最大化原则这一基础价值,换言之,我国需要重点保护的对象基本涵盖了跨国代孕最主要的当事方。对此,笔者认为,应当抛弃狭

---

[1] See Permanent Bureau of the Hague Conference of Private International Law, *Background Note for the Meeting of the Experts' Group on the Parentage/Surrogacy Project*, Background Note of January 2016.

[2] 前后六次专家组会议,我国仅在2017年2月第二次会议中缺席,其他五次会议都有代表参加。See Experts' Group on Parentage/Surrogacy Project, Report of the Experts' Group on Parentage/Surrogacy Project, No 2 of February 2017, No 2 of February 2018, No 2 of October 2018, No 2B of February 2019, Prel. Doc. 2 of November 2019.

隘的国别保护思想，站在国际和谐的立场上来参与海牙国际私法会议关于跨国代孕中亲子关系认定问题议定书的拟定，这不仅符合我国长远利益，也符合国际社会长期民商事和谐交流之利益。

二、努力争取跨国代孕区域之合作

跨国代孕的区域合作是指两国之间或几国之间小范围地达成关于跨国代孕法律规制的合作。

（一）区域合作的优势

相较于跨国代孕国际公约的制定，国家间关于跨国代孕的双边合作或者区域合作将更容易达成，也能更有效地规范跨国代孕行为。

因为根据跨国代孕的现状，接收国通常与出生国存在相对应的特征。在这种对应关系的情形下，接收国和出生国虽然会因为处于不同的地位而侧重保护不同的利益，但是两国是基于同一跨国代孕实践发生关联，两国必然有共同的利益追求。因此，争取两国之间的双边合作或几国之间的区域合作将更加容易实现，从而更有效地规范跨国代孕行为。

（二）我国争取区域合作之立场

对于我国而言，根据前文可知，通常是我国有意向的父母到美国、印度、泰国以及越南等国进行代孕。因此，对于代孕的区域合作，我国应以美国、印度、泰国和越南为首要考虑对象。

另外，在争取与这些国家的区际合作过程中，我国应坚持保护有意向的父母的立场。坚持这一立场的原因有两点：第一，根据我国当前跨国代孕的实践，我国当事人往往作为有意向的

·175·

父母参与跨国代孕，因此有必要坚持保护有意向的父母的立场；第二，小范围的区域合作较为灵活，即使我国改变关于代孕的立场，使我国逐渐成为代孕儿童出生国，我国仍可在此种情况发生后与合作对象进行再次协商。

本章小结

我国当前立法对代孕持绝对禁止态度，这种做法使得我国代孕行为禁而不止，代孕行业转入地下更为猖獗，反而更不利于代孕安排中对各方当事人的保护。因此，笔者认为，应当改变我国对代孕的态度，将代孕合法化。而对于我国代孕的合法化，其不仅具有第一章代孕合法化的普遍理由，我国特殊的人口政策也为代孕的合法化提供了现实基础。具体而言，有三方面的支持：第一，失独家庭进行代孕的需要；第二，拥有"二孩"对代孕的需要；第三，人口老龄化对代孕的需要。

而关于我国代孕合法化的进程，笔者认为，这种合法化的进程不可能一蹴而就。因此，在当前首要的是要通过法解释学的方法对当前已有的规则加以适用，如灵活运用儿童利益最大化原则，进而达到个案中的实质公正。其次，在此基础上逐步实现代孕的有限合法化。

最后，我国不仅要关注国内立法的完善，还应积极参加关于代孕的国际规则的制定。一方面，积极参与海牙国际私法会议关于跨国代孕安排规则的制定，并注重对跨国代孕中各方当事人的保护。另一方面，积极进行代孕的双边合作和区际合作，更好地完善跨国代孕安排的规制。

参考文献

一、中文著作

[1] 陈隆修:《中国思想下的全球化选法规则》,五南图书出版公司2012年版。

[2] 陈苇主编:《外国婚姻家庭法比较研究》,群众出版社2006年版。

[3] 陈棋炎、黄宗乐、郭振恭:《民法亲属新论》,三民书局2004年版。

[4] 曹贤余:《儿童最大利益原则下的亲子法研究》,群众出版社2015年版。

[5] 陈小君主编:《婚姻家庭法学》,中国检察出版社1995年版。

[6] 曹贤信:《亲属法的伦理性及其限度研究》,群众出版社2012年版。

[7] 费成康主编:《中国的家法族规》,上海社会科学院出版社1995年版。

[8] 高凤仙:《亲属法:理论与实务》,五南图书出版公司2015年版。

[9] 何志鹏:《人权全球化基本理论研究》,科学出版社2008年版。

[10] 何怀宏:《底线伦理》,辽宁人民出版社1998年版。

[11] 胡玉鸿主编:《人权视野中的弱者保护》,中国政法大学出版社2012年版。

[12] 黄志慧:《人权保护对欧盟国际私法的影响》,法律出版社2018年版。

[13] 蒋新苗:《国际收养法律制度研究》,法律出版社1999年版。

[14] 蒋月:《20世纪婚姻家庭法:从传统到现代化》,中国社会科学出版

社 2015 年版。

[15] 金眉：《中国亲属法的近现代转型——从〈大清民律草案·亲属编〉到〈中华人民共和国婚姻法〉》，法律出版社 2010 年版。

[16] 焦燕：《婚姻冲突法问题研究》，法律出版社 2007 年版。

[17] 廖雅慈：《人工生育及其法律道德问题研究》，赵淑慧、何家弘译，中国政法大学出版社 1995 年版。

[18] 罗玉中、万其刚、刘松山：《人权与法制》，北京大学出版社 2001 年版。

[19] 林端：《儒家伦理与法律文化：社会学观点的探索》，中国政法大学出版社 2002 年版。

[20] 刘长秋：《代孕规制的法律问题研究》，上海社会科学院出版社 2016 年版。

[21] 林秀雄：《婚姻家庭法之研究》，中国政法大学出版社 2001 年版。

[22] 林秀雄：《亲属法讲义》，台湾元照出版公司 2011 年版。

[23] 林喆：《公民基本人权法律制度研究》，北京大学出版社 2006 年版。

[24] 龙翼飞、夏吟兰主编：《和谐社会中婚姻家庭关系的法律重构——纪念〈婚姻法〉修订五周年》，中国政法大学出版社 2007 年版。

[25] 刘引玲:《亲属身份权与救济制度研究》，中国检察出版社 2011 年版。

[26] 黎鸣：《道德的沦陷》，中国社会出版社 2004 年版。

[27] 马志冰主编：《中国传统法律意识与和谐理想》，中国政法大学出版社 2009 年版。

[28] 倪正茂等：《生命法学引论》，武汉大学出版社 2005 年版。

[29] 邱永辉：《印度教概论》，社会科学文献出版社 2012 年版。

[30] 秦文：《印度婚姻家庭法研究——基于女性主义的分析视角》，法律出版社 2015 年版。

[31] 史尚宽：《亲属法论》，中国政法大学出版社 2002 年版。

[32] 宋晓：《当代国际私法的实体取向》，武汉大学出版社 2004 年版。

[33] 石雷：《功能主义视角下外国代孕制度研究》，华中科技大学 2020 年第 1 版。

[34] 尚会鹏：《印度文化传统研究：比较文化的视野》，北京大学出版社 2004 年版。
[35] 沙尔玛：《印度教》，张志强译，上海古籍出版社 2008 年版。
[36] 史凤仪：《中国古代婚姻与家庭》，湖北人民出版社 1987 年版。
[37] 谈大正：《性文化与法》，上海人民出版社 1998 年版。
[38] 佟新：《社会性别研究导论》，北京大学出版社 2011 年版。
[39] 翁芝光：《中国家庭伦理与国民性》，云南人民出版社 2002 年版。
[40] 王丽萍：《亲子法研究》，法律出版社 2004 年版。
[41] 王立民主编：《中国法律与社会》，北京大学出版社 2006 年版。
[42] 王森波：《同性婚姻法律问题研究》，中国法制出版社 2012 年版。
[43] 王树英：《宗教与印度社会》，人民出版社 2009 年版。
[44] 汪文学：《传统人伦关系的现代诠释》，贵州民族出版社 2004 年版。
[45] 武树臣等：《中国传统法律文化》，北京大学出版社 1994 年版。
[46] 王利民：《论人的私法地位——从一个制度的分析》，法律出版社 2007 年版。
[47] 夏吟兰著：《美国现代婚姻家庭制度》，中国政法大学出版社 1999 年版。
[48] 杨大文主编：《亲属法》，法律出版社 2003 年版。
[49] 余提：《各国代孕法律之比较研究》，中国政法大学出版社 2015 年版。
[50] 袁发强：《人权保护与现代家庭关系中的国际私法》，北京大学出版社 2010 年版。
[51] 于飞：《公序良俗原则研究——以基本原则的具体化为中心》，北京大学出版社 2006 年版。
[52] 叶英萍主编：《中国传统亲属法律文化和谐性研究》，法律出版社 2015 年版。
[53] 郁龙余等：《印度文化论》，重庆出版社 2008 年版。
[54] 张燕玲：《人工生殖法律问题研究》，法律出版社，2006 年。
[55] 张国刚主编：《家庭史研究的新视野》，生活·读书·新知三联书店

2004 年版。

[56] 张爱宁：《国际人权法专论》，法律出版社 2006 年版。

[57] 周安平：《性别与法律：性别平等的法律进路》，法律出版社 2007 年版。

[58] 张作华：《亲属身份行为基本理论研究》，法律出版社 2011 年版。

[59] 张庆元：《国际私法中的国籍问题研究》，法律出版社 2010 年版。

[60] 刘引玲：《亲属身份权与救济制度研究》，中国检察出版社 2011 年版。

[61] [澳] A.L. 巴沙姆主编：《印度文化史》，庄万友等译，商务印书馆出版社 1997 年版。

[62] [德] 赫尔曼·库尔克、迪特玛尔·罗特蒙特：《印度史》，王立新、周红江译，中国青年出版社 2008 年版。

[63] [德] 迪特尔·施瓦布：《德国家庭法》，王葆莳译，法律出版社 2010 年版。

[64] [法] 安德烈·比尔基埃等主编：《家庭史：遥远的世界 古老的世界》，袁树仁、姚静、肖桂译，生活·读书·新知三联书店 1998 年版。

[65] [美] 安靖如：《人权与中国思想：一种跨文化的探索》，黄金荣、黄斌译，中国人民大学出版社 2012 年版。

[66] [美] 哈里·D. 格劳斯、大卫·D. 梅耶：《美国家庭法精要》，陈苇译，中国政法大学出版社 2010 年版。

[67] [瑞士] 托马斯·弗莱纳：《人权是什么?》，谢鹏程译，中国社会科学出版社 2000 年版。

[68] [日] 星野英一：《私法中的人》，王闯译，中国法制出版社 2004 年版。

[69] [日] 我妻荣、有泉亨：《日本民法亲属法》，夏玉芝译，工商出版社 1996 年版。

[70] [英] 詹姆斯·格里芬：《论人权》，徐向东、刘明译，译林出版社 2015 年版。

[71] [英]约翰·伊克拉:《家庭法和私生活》,石雷译,法律出版社 2015年版。
[72] [英]约翰·维特:《从圣礼到契约:西方传统中的婚姻、宗教与法律》,钟瑞华译,中国法制出版社2014年版。

二、中文论文

[1] 陈静慧:"同性生活伴侣之平等权问题——以欧洲法院、德国联邦宪法法院及德国联邦行政法院之判决为中心",载《东吴法律学报》2010年第3期。

[2] 曹新明:"现代生殖技术的民法学思考",载《法商研究》2003第6期;

[3] 曹贤余:"英国亲子法律关系中'父母责任'的规定及启示",载《人民论坛》2013年11期。

[4] 崔兰琴:"城市化进程中的亲权履行缺失及其对策思考",载《河北法学》2010年第6期。

[5] 陈玉玲:"德国亲子法视野下的婚生子女的否认——兼论对我国立法的启示",载《时代法学》2011年第4期。

[6] 曹贤余:"英国亲子法律关系中'父母责任'的规定及启示",载《人民论坛》2013年第11期。

[7] 戴瑀如:"从德国立法例论我国新人工生殖法对亲属法之冲击",载《法令月刊》2007第8期。

[8] 高鸿钧:"冲突与抉择:伊斯兰世界法律现代化",载《比较法研究》2001年第4期。

[9] 冯玉荣等:"出生缺陷与生育年龄关系调查分析",载《中国优生与遗传杂志》2001年第4期。

[10] 周云水:"代孕——亲属关系中的自然与文化",载《北方民族大学学报(哲学社会科学版)》2010年第1期。

[11] 侯英泠:"从子女最佳利益原则检视人工生殖法草案检视受术夫妻之条件与亲子关系",载《律师杂志》2006第3期。

[12] 胡宝珍："完善人工生殖父母子女关系立法研究"，载《福建法学》2005 年第 1 期。

[13] 黄晓燕："国际人权法视野下文化权利的考量与辨析"，载《政法论坛》2013 年第 3 期。

[14] 简良育："美国亲子关系法制发展之研究"，载《月旦法学杂志》2011 第 4 期。

[15] 纪欣："简介美国法律对于处理代孕安排的最新发展"，载《律师杂志》2006 第 3 期。

[16] 金姬："以色列经验：允许但严管代孕"，载《新民周刊》2015 年 37 期。

[17] 焦宝乾："西方法解释学：传统与现代的分野"，载《法商研究》2004 年第 2 期。

[18] 刘仁山："现时利益重心地是惯常居所地法原则的价值导向"，载《法学研究》2013 年第 3 期。

[19] 刘仁山："人权保护对国际民商事判决承认与执行的影响——以《欧洲人权公约》之适用为中心"，载《法学评论》2015 年第 3 期。

[20] 刘仁山、粟烟涛："法律选择中的人权保障问题——基于两大法系司法实践的比较研究"，载《法商研究》2007 第 2 期。

[21] 李志强："代孕生育亲子关系认定问题探析"，载《北方民族大学学报》（哲学社会科学版）2011 第 4 期。

[22] 吕群蓉："'母亲'之法律再构建——以代孕为视角"，载《河北法学》2010 第 6 期。

[23] 罗满景："中国代孕制度之立法重构——以无偿的完全代孕为对象"，载《时代法学》2009 第 4 期。

[24] 李昌道："加国'同性婚姻'草案的风波"，载《河南省政法管理干部学院学报》2004 年第 1 期。

[25] 李怡青："同性恋者的亲密关系与家庭功能剖析"，载《女学学志（妇女与性别研究）》2014 年第 35 期。

[26] 罗豪才、宋功德："人权法的失衡与平衡"，载《中国社会科学》

2011年第3期。

[27] 李立如："朝向子女最佳利益的婚生推定制度"，载《中原财经法学》2004年第13期。

[28] 罗艳华："传统文化对东盟国家人权观的影响"，载《当代亚太》1996年第6期。

[29] 胡新桥："民间商业代孕行为部分后果或触犯刑法"，载《法制日报》2011年7月22日。

[30] 廉颖婷："根治代孕需完善立法明确法律责任"，载《法制日报》2013年8月26日。

[31] 黎尔平："国际人权保护机制的构成及发展趋势"，载《法商研究》2005年第5期。

[32] 邱玟惠："人工生殖子女亲子法制之检讨与修法建议"，载《台湾大学法学论丛》2009年第38卷第3期。

[33] 任文婧："湖南常德女子代孕引发夺子官司，法院判决代孕合同有效"，载《南方都市报》2010年8月18日第1版。

[34] 王葆莳："论我国国际私法立法中的人权考虑"，载《法学杂志》2009年第7期。

[35] 王葆莳："'儿童最大利益原则'在德国家庭法中的实现"，载《德国研究》2013年第4期。

[36] 王葆莳、张怀友："国际人权保护和公共秩序保留制度：以德国国际私法为视角"，载《广州大学学报（社会科学版）》2011年第9期。

[37] 任巍、王倩："我国代孕的合法化及其边界研究"，载《河北法学》2014第2期。

[38] 王贵松："中国代孕规制的模式选择"，载《法制与社会发展》2009第6期。

[39] 王萍："代孕法律的比较考察与技术分析"，载《法治研究》2014年第6期。

[40] 王富仙："生子合同容许性之探讨"，载《月旦法学杂志》2001第75卷。

[41] 王跃生："中国传统家庭合与分的制度考察",载《社会科学》2013年第11期。

[42] 王洪："论子女最佳利益原则",载《现代法学》2003年第6期。

[43] 乌梦达、李德欣、袁汝婷："地下代孕产业链：出租子宫的'买卖'",《新华每日电讯》2014年9月23日。

[44] 王川："'借腹生子'屡禁不止代孕机构借机敛财",载《上海法治报》2013年3月19日。

[45] 吴亚东："'代孕合同'有违公序良俗被判无效",载《法制日报》2012年11月1日。

[46] 王春霞："代孕问题不宜随修法'搭车'解决",载《中国妇女报》2015年12月24日。

[47] 王斯等："20岁姑娘15万代孕生子惹官司，抚养权归孩子生父",载《当代生活报》2008年9月13日。

[48] 徐伟功："法律选择中的意思自治原则在我国的运用",载《法学》2013第9期。

[49] 许丽琴："代孕生育合理控制与使用的法律规制",载《河北法学》2009第6期。

[50] 徐国栋："体外受精胚胎的法律地位研究",载《法制与社会发展》2005第5期；

[51] 薛瑞元："'代理孕母'的管制原则与措施",载《月旦法学杂志》1999第9期。

[52] 薛宁兰、解燕芳："亲子关系确认制度的反思与重构——基于婚姻法司法解释（三）的讨论",载《中华女子学院学报》2011年第2期。

[53] 薛在兴："美国儿童福利政策的最新变革与评价",载《中国青年研究》2009年第2期。

[54] 夏吟兰、何俊萍："现代大陆法系亲属法之发展变革",载《法学论坛》2011年第2期。

[55] 杨彪："代孕协议的可执行性问题：市场、道德与法律",载《政法论坛》2015年第4期。

[56] 杨遂全、钟凯:"从特殊群体生育权看代孕部分合法化",载《社会科学研究》2012年第3期。

[57] 姚国建:"宪法是如何介入家庭的?——判例法视角下的美国宪法对家庭法的影响及其争拗",载《比较法研究》2011年第6期。

[59] 杨芳:"人工生殖模式下亲子法的反思与重建——从英国修订《人类受精与胚胎学法案》谈起",载《河北法学》2009年第10期。

[60] 杨成铭:"论欧洲人权机构对家庭生活权的保护",载《法学论坛》2005年第3期。

[61] 应琛、刘绮:"全球代孕的法律博弈",载《新民周刊》2015年第37期。

[62] 杨大正:"游走在法律边缘的代孕江湖",载《南方日报》2011年11月28日。

[63] 张燕玲:"家庭权的私法保障",载《法学论坛》2012第5期。

[64] 张燕玲:"生育自由及其保障范围——兼论人工生殖的理论基础",载《中南民族大学学报(人文社会科学版)》2007第5期。

[65] 朱红梅:"代孕的伦理争议",载《自然辩证法研究》2006年第12期。

[66] 张思齐:"从《摩奴法典》中看中印宗教与婚姻意识",载《西南民族大学学报(人文社科版)》2009年第9期。

[67] 朱国斌:"法国关于私生活受尊重权利的法律与司法实践",载《法学评论》1999年第3期。

[68] 陈家和:"代理孕母制度之研究",文化大学法律学研究所2006年硕士学位论文。

[69] 陈凤珠:"代孕合同法律关系之研究",成功大学2003年硕士学位论文。

[70] 黄志慧:"人权保护对欧盟国际私法的影响",中南财经政法大学2015年博士学位论文。

[71] 康茜:"代孕关系的法律调整问题研究——以代孕契约为中心",西南政法大学2011年博士学位论文。

[72] 李娟:"中国城市代孕问题的社会学研究",天津师范大学2010年硕士学位论文。
[73] 吴书宁:"涉外亲权及监护制度研究",中正大学2007硕士学位论文。
[74] 阳佳君:"论代理孕母所生子女之法律地位",成功大学2003年硕士学位论文。
[75] 张维民:"由代孕生殖法草案论代孕者之身体自主权",成功大学2007年硕士学位论文。

三、外文著作

[1] AmritaPande, *Commercial Surrogacy in India: Nine Months of Labor?*, University of Massachusetts Amherst, 2010.

[2] Carmel Shalev, *Birth Power: The Case for Surrogacy*, Yale University Press, 1989.

[3] D. Satz, *Why Some Things Should Not be for Sale: The Moral Limits of Markets*, Oxford University Press, 2012.

[4] D. Kelly Weisberg, *The Birth of Surrogacy in Israel*, University Press of Florida, 2005.

[5] France Winddance Twine, *Outsourcing the Womb: Race, Class and Gestational Surrogacy in a Global Market*, Routledge, 2011.

[6] Katarina Trimmings and Paul Beaumont, *International Surrogacy Arrangement: Legal Regulation at the International Level*, Hart Publishing, 2013.

[7] Kate Standley, *Family Law*, Macmilian, 1993.

[8] Lisa Oliver, *Considering Surrogacy*, Createspace, 2013.

[9] Leslie Morgan Steiner, *The Baby Chase: How Surrogacy Is Transforming the American Family*, St. Martin's Press, 2013.

[10] L. Collins et al. (eds.), *Dicey, Morris and Collins on the Conflict of Laws*, 14th ed., Sweet & Maxwell, 2006.

[11] Mary Lyndon Shanley, *Making Babies, Making Families: What Matters Most in an Age of Reproductive Technologies, Surrogacy, Adoption, and*

Same-Sex and Unwed Parents' Rights, Beacon Pr, 2001.

[12] Melissa A. Tartaglia, *Adoption and Surrogacy in Florida: The Legal and Practical Sourcebook for Laypersons and Lawyers*, University Press of Florida, 2011.

[13] R. Blackburn and J. Polakiewicz, *Fundamental Rights in Europe: the European convention on Human Rights and Its Member States*, Oxford University Press, 2001.

[14] Rebecca A. Clark et al. , *Planning Parenthood: Strategies for Success in Fertility Assistance, Adoption, and Surrogacy*, Johns Hopkins University Press, 2009.

[15] Symeon C. Symeonides, *Codifying Choice of Law around the World: An International Comparative Analysis*, Oxford University Press, 2014.

[16] Sayantani Das Gupta and Shamita Das Dasgupta, *Globalization and Transnational Surrogacy in India: Outsourcing Life*, Lexington Books, 2014.

四、外文论文

[1] Barbara Stark, "Transnational Surrogacy and International Human Rights Law", 18 ILSA J. Int'l & Comp. L. 369~386 (2012).

[2] Bruce Hale, "Regulation of International Surrogacy Arrangements, Do We Regulate the Market, or Fix the Realproblems?", 36 Suffolk Transnat'l L. Rev. 501~526 (2013).

[3] Ardis L. Campbell, "Determination of Status as Legal or Natural Parents in Contested Surrogacy Births", 77 A. L. R. 567 (2000).

[4] Carol Sanger, "Developing Markets in Baby-Making, In the Matter of Baby M", 30 Harv. J. L. Gender 67~94 (2007).

[5] Carol Sanger, " (Baby) M Is for Many Things, Why I Start with Baby M", 44 St. Louis U. L. J. 1443~1464 (2000).

[6] Charles P. Kindregan and Danielle White, "Inernational Fertility Tourism, the Potential for Stateless Children in Cross-border Commercial Surrogacy

Arrangements", 36 Suffolk Transnat'l L. Rev. 527~626 (2013).

[7] Fenton-Glynn, "Human Rights and Private International Law Regulating International Surrogacy", 10 J. Priv. Int. L. 157~169 (2014).

[8] Emily Stehr, "International Surrogacy Contract Regulation, National Governments'and International Bodies'Misguided Quests to Prevent Exploitation", 35 Hastings Int'l & Comp. L. Rev. 253~287 (2012).

[9] Erica Davis, "the Rise of Gestational Surrogacy and the Pressing Need for International Regulation", 21 Minn. J. Int'l L. 120~144 (2012).

[10] George S. Yacoubian, "An Examination of Compliance with the Inter-country Adoption Convention, Exploring Surrogacy in Armenia as a Form of Human Trafficking", 31 Ariz. J. Int'l & Comp. L. 811~834 (2014).

[11] Horatia Muir Watt, "International Contracts, From the Makings of a Myth to the Requirements of Global Governance", 6 Eur. Rev. Cont. L. 250~281 (2010).

[12] Iris Leibowitz-Dori, "Womb for Rent the Future of International Trade in Surrogacy", 6 Minn. J. Global Trade 329~354 (1997).

[13] Janet Halley and Kerry Rittich, "Critical Directions in Comparative Family Law, Genealogies and Contemporary Studies of Family Law Exceptionalism", 58 Am. J. Comp. L. 753 (2010).

[14] Janet L. Dolgin, "Status and Contract in Surrogate Motherhood: An Illumination of the Surrogacy Debate", 38 *Buffalo Law Review* 1990.

[15] Jean Zermatten, "The Best Interests of the Child Principle, Literal Analysis and Function", 18 Int'l J. Child. Rts. 483 (2010).

[16] John Tobin, "Judging the Judges, Are they Adopting the Rights Approach in Matters Involving Children?", 33 MULR 579~603 (2009).

[17] John Tobin, "To Prohibit or Permit What is the (Human) Rights Response to the Practice of International Commercial Surrogacy", 63 (2) I. C. L. Q. 317~352 (2014).

[18] J Wallbank, "Too Many Mothers? Surrogacy, Kinship and the Welfare of

the Child", 10 Med. L. Rev 271 (2002).

[19] Kristiana Brugger, "International Law in the Gestational Surrogacy Debate", 35 Fordham Int'l L. J. 665~697 (2012).

[20] K. Trimmings and P. Beaumont, "International Surrogacy Arrangements, An Urgent Need for Legal Regulation at the International Level", 7 *Journal of Private International Law* 627 (2011).

[21] K. Horsey, "Challenging Presumptions, Legal Parenthood and Surrogacy Arrangements", 22 CFLQ 449~478 (2010).

[22] Margaret Ryznar, "International Commercial Surrogacy and Its Parties", 43 J. Marshall L. Rev. 1009~1039 (2010).

[23] Narendra Subramanian, "Making Family and Nation, Hindu Marriage Law in Early Postcolonial India", 69 J. Asian Stud. 771~796 (2010).

[24] Philomila Tsoukala, "Marrying Family Law to the Nation", 58 Am. J. Comp L. 873 (2010).

[25] R. Ashcroft, "Could Human Rights Supersede Bioethics?", 10 H. R. L. Rev. 639~660 (2010).

[26] Richard F. Storrow, "the Phantom Children of the Republic: International Surrogacy and the New Illegitimacy", 20 Am. U. J. Gender Soc. Pol'y & L. 561~609 (2012).

[27] Sarah Mortazavi, "It Takes a Village to Make a Child, Creating Guidelines for International Surrogacy", 100 Geo. L. J. 2249~2290 (2012).

[28] S. Banerjee, "Gestational Surrogacy Contracts, Altruistic or Commercial? A Contract Theoretic Approach", 81 *The Manchester School* 438 (2013).

[29] Seema Mohapatra, "Achieving Reproductive Justice in the International Surrogacy Market", 21 Annals Health L. 191~200 (2012).

[30] Seema Mohapatra, Stateless Babies and Adoption Scams, "a Bioethical Analysis of International Commercial Surrogacy", 30 Berkeley J. Int'l L. 412~449 (2012).

[31] Shany Noy Kirshner, "Selling a Miracle? Surrogacy through International

Borders, Exploration of Ukrainian Surrogacy", 14 J. Int'l Bus. & L. 77~97 (2015).

[32] Susan Markens, "Surrogate Motherhood and the Politics of Reproduction", 26 (1) Sociological Forum 201~205 (2007).

[33] Tina Lin, "Born Lost, Stateless Children in International Surrogacy Arrangements", 21 Cardozo J. Int'l & Comp. L. 545~587 (2013).

[34] Usha Rengachary Smerdon, "Crossing Bodies, Crossing Borders, International Surrogacy between the United States and India", 39 Cumb. L. Rev. 15~38 (2009).

[35] Yasmine Ergas, "Babies Without Borders, Human Rights, Human Dignity, and the Regulation of International Commercial Surrogacy", 27 Emory Int'l L. Rev. 117~188 (2013).

五、研究报告

[1] *European Parliament, Directorate General for Internal Policies of the Union, A Comparative Study on the Regime of Surrogacy in EU Member States, issued in March* 2013.

[2] *European Parliamentary Assembly*, Surrogate Motherhood, *Doc.*12934 *Second Edition of July* 2012.

[3] *Permanent Bureau of the Hague Conference of Private International Law*, Private International Law Issues Surrounding the Status of Children- Including Issues Arising from the International Surrogacy Arrangment, *Prel. Doc. No* 11 *of March* 2011.

[4] *Permanent Bureau of the Hague Conference of Private International Law*, A Preliminary Report on the Issues Arising from the International Surrogacy Arrangment, *Prel. Doc. No* 10 *of March* 2012.

[5] *Permanent Bureau of the Hague Conference of Private International Law*, A Study of Legal Parentage and Issues Arising from the International Surrogacy Arrangement, *Prel. Doc. No 3C of March* 2014.

[6] *Permanent Bureau of the Hague Conference of Private International Law*, The Desirability and Feasibility of Further Work on the Surrogacy Project, *Prel. Doc. No 3B of April* 2014.

[7] *Permanent Bureau of the Hague Conference of Private International Law*, The Parentage/Surrogacy Project – an Updating Note, *Prel. Doc. No 3A of February* 2015.

[8] *Permanent Bureau of the Hague Conference of Private International Law*, Background Note for the Meeting of the Experts´ Group on the Parentage/Surrogacy Project, *Background Note of January* 2016.

[9] *Permanent Bureau of the Hague Conference of Private International Law*, Report of the February 2016 Meeting of the Experts'Group on Parentage/Surrogacy, *Prel. Doc. No 3 of February* 2016.

[10] *Experts'Group on Parentage/Surrogacy Project*, Report of the Experts'Group on Parentage/Surrogacy Project, *No 2 of February* 2017.

[11] *Experts'Group on Parentage/Surrogacy Project*, Report of the Experts'Group on Parentage/Surrogacy Project, *No 2 of February* 2018.

[12] *Experts'Group on Parentage/Surrogacy Project*, Report of the Experts'Group on Parentage/Surrogacy Project, *No 2 of October* 2018.

[13] *Experts'Group on Parentage/Surrogacy Project*, Report of the Experts'Group on Parentage/Surrogacy Project, *No 2B of February* 2019.

[14] *Experts'Group on Parentage/Surrogacy Project*, Report of the Experts'Group on Parentage/Surrogacy Project, *Prel. Doc. 2 of November* 2019.

后 记

终于完成了博士论文的写作，笔端却在后记处搁浅，似乎突然意识到这预示着我生命中一个时期的结束。不禁扪心自问，三年的时光里是否有所收获？想到单薄的学术成果，不由心颤。然而，任思绪沉淀，恩师指导论文的画面、同门畅谈学术的画面、家人殷殷鼓励的画面……一片片记忆的碎片填补了时光的空白。

我收获了一窗灯光。

恩师刘仁山教授的办公室在文澜楼，靠近学校的东门，出校园逛街或办事坐东门外的公交车极为方便。因此经常会路过刘老师的办公室楼下。就是在这里，我收获了那一窗灯光。

已经不记得具体是哪一天了，只记得那天是周末，我去伯父家吃晚饭，回到学校时已经很晚。当时校园里的行人已经极稀少，我从文澜楼前走过，文澜楼静谧地矗立在黑暗中，只有昏暗的路灯洒在路边。也正是在这样的环境下，刘老师办公室窗口透出的那一片灯光才极为明显。灯光明亮，从窗口透出，照亮了一方道路。看到这窗灯光，我想起一位师兄说过刘老师极为勤奋，经常在下班后还在看书写文章，有一次晚上十点多的时候还与他一起讨论文章。但这毕竟只是传闻，感触远没自己亲眼所见来得深。自此后，每次经过文澜楼，我都会抬头看

后　记

看刘老师的办公室，看那窗灯光，想象刘老师伏案钻研的身影，提醒自己为学要勤。

我收获了一个 v。

相信大家都有一组容易混淆的事物，例如记不清 *pull* 和 *push* 含义。于我而言，英文案件名中的 v 即是如此，我总是记不清英文案件名中应当用 V 还是 v，例如应当是 *Mennesson V. France* 还是 *Mennesson v. France*。在博士论文的写作过程中，写到英文案件名时，我都根据当时的记忆来选择 V 或者 v，即使意识到不确定，但抱着"这是小事，不要紧"的松散态度，我并没有进行核实。预答辩时，刘老师毫不留情地指出了这一错误，当时的我羞愧不已，也深刻意识到了对待知识需要谨慎的态度。

其实这一态度不仅在我导师刘老师的身上有，中南财经政法大学法学院国际法专业的老师对待学问都极为严谨，徐伟功教授、向在胜教授、邓烈教授、韩龙教授、刘笋教授、钟丽副教授在博士论文的开题以及预答辩中，以其严谨的学术态度为我提供了大量细致而宝贵的修改意见和建议。读着我的博士论文，我告诫自己为学要慎。

我收获了一份踏实、一本书、一碗美味、一抹夕阳。

黄志慧师兄既是我的师兄也是我的老师。他高我一届，去年已经留校任教，我的博士论文预答辩，他还是答辩组的老师。许多人羡慕于他能留在中南财经政法大学这么好的学校任教，但是大家也都知道黄志慧师兄这是实至名归，他确有能力留校。而就我看来，他的才能得益于他的踏实。每次向他请教问题时，我都惊叹于他专业基础之牢固和知识面之广阔，有一次我忍不住向他请教学习经验，因为在我的意识里他能有此成就可能是因为他有一套好的学习方法。但黄志慧师兄告诉我一个简单的经验"多看书,每天看"。原来他每天都回去图书馆自习,每天都会学习到晚上十二点。在我还在碌碌无为的时候,他正在一步步地积累。黄志慧师兄身体力行地告诉了我做学问要踏实。

我还收获了丽平姐游学台湾时给我搜的资料、和杉杉一起自习后去小食堂尝到的物美价廉的美味、与潘瑾绕着小南湖跑步欣赏到的夕阳。志同道合为朋,至诚仁义为友,可爱可亲的同门们,你们使我收获了珍贵的朋友之情。

我收获了一沓机票、一锅浓汤、一句埋怨和千万叮嘱。

我有一个储物的小盒子,盒子里装的是一沓飞机票,这是读博三年来我和我男友感情的见证,也是他对我读博默默支持的见证。我们爱情长跑十年的时间里有六年是分隔两地的。2010年,他选择去南京攻读硕士学位,我则被梦寐以求的中南财经政法大学录取而留在武汉。当时我们约定,硕士毕业后一起在武汉找工作。然而,在毕业之际,我"违约"想继续读博。这代表我要放弃对于我们两家来说经济收入较好的银行工作,而他要一肩挑起我们的未来。当我告知我的想法时,他未有任何犹豫,一力支持我追求理想。自此后,即使远赴异国他乡,即使工作忙碌到华发早生,即使每隔三个月才有几天的短暂相处,他从未吐露任何怨言。

我还收获了一锅浓汤、一句埋怨和千万叮嘱。我的伯父在武汉工作,自我到武汉求学后,每周他都会给我打电话,让我去他家吃饭。生性节俭的他在这时都会炖上一大锅浓浓的汤,只因为我曾抱怨学校食堂的汤太清淡。还有我的父母,虽然在我放弃工作而选择读博的时候,他们不理解我的做法,但是他们尊重我的选择,每次给我打电话都会用朴素的语言叮嘱我好

后 记

好学习。还有我的弟弟，他在华中师范大学读博，比我低两届。我经常让他帮我下资料，有时他会不耐烦地埋怨我耽误他时间，但是每次他都会很迅速的帮我将资料找到。

记得选择读博时，刘老师告诫我说，读博是一场寂寞的修行。但是有家人的默默支持，寂寞的修行路上我不孤独。

回首过往，我可以回答自己，我收获了知识，更重要的是我收获了学习知识的方法、对待知识的态度以及知识也无可替代的情谊！带着这些收获，即使这一时期即将结束，我也不惧新时期的到来！

而搁笔之际，我想对赐予我这些收获的恩师、同门和家人说，谢谢！

余 提

中南财经政法大学 南湖湖畔

2016 年 5 月 18 日